JN248239

プログラミング知識ゼロでもOK

超実践！

AI人材になる本

監修 大西可奈子

Gakken

はじめに
コミュニケーションギャップによる認識のズレ

「完成イメージが関係者の間で共有されていない！」

「導入してみたものの、現場に活用してもらえない！」

「問題発生！　プロジェクトが一向に進まない……」


システム開発の現場では、ＡＩ（人工知能）で解決すべき課題があいまいなままプロジェクトがスタートしてしまった、ということもめずらしいことではありません。私はこれまでＩＴ企業などで働き、さまざまなＡＩシステムの設計や開発、導入を支援してきました。その経験から、プロジェクトが失敗してしまう原因は次の３つがあるのではないかと思うようになりました。

・企画側と開発側で認識がズレた状態で開発が進む
・開発の途中で予算が不足してしまう
・予定していた機能の実装が技術的に難しくなる

この３つの原因は、**企画者と開発者のコミュニケーション不足が深く関係しています。**

あるエンジニアがデータベースを開発したと仮定します。このとき企画側の現場から不満の声があがりました。

「現場のことを考えて、もっと使いやすいシステムにしてほしい」

この問題をクリアするために、何が必要だったのでしょうか。

データベース開発には、さまざまな専門技術が必要です。セキュリティの面で万全であることも求められます。そして、開発にかけられる時間にもかぎりがあります。

開発側は、商品・サービス、そして業務の流れやビジネスロジックをすべて理解しているわけではありません。

企画側も、システム開発の流れや手法をすべて理解しているわけではありません。

企画側と開発側が**「ディスコミュニケーション＝共通言語を持たない状態」では、満足できるシステムは完成できないのです。**

企画側が「課題」を投げかけて、開発側が「解決策」を提案する。そのあと企画側が「別の課題」を示して、開発側がその「解決策」を考える……システムやソフトウェア開発では、このキャッチボールのようなやり取りを省略することはできません。

このやり取りをはぶくと**「だれも満足しないシステム」が完成してしまうのです。**両者の歩調が合えば、もっと簡単にイノベーションや業務の改善を実現できるはずです。

専門知識がなくてもAIを使いこなせる

今でこそ私は、AI開発の最前線で「ディープラーニング」など新しい機械学習技術（現在のAIに利用されている技術）を使ったシステムの設計や導入のお手伝いをしていますが、もともと自然言語処理を専門としていたため、機械学習に関しては素人でした。

自然言語処理とは、人間が日常的に使っている言葉をコンピュータに処理させるための技術です。具体的には「対話型AIシステム」などに利用されています。このシステムは、会話形式で人間の問いかけに答えるもので、最近ではスマホのアプリやSNSでもおなじみの技術です。

ですから、入社後は、機械学習に関して足りない知識を補うためにがんばって勉強したというのが実状です。そして、必要に迫られて勉強してから気づいたのは、現場で役に立つ本がとても少ないということでした。

初心者向けの概論書は実務には役に立たず、技術者向けの専門書は不親切でした。インターネットにはさまざまな情報が提供されていますが、特定のトピックに限定されているため、内容も難易度もバラバラですよね。そこで、**「非エンジニア」の人に本当に必要な情報をしっかり届けたいと思い、この本を書き始めました。**

この本をきっかけに、AIに対する「固定観念のようなもの」をできるだけ取りのぞきたいと考えています。

たとえば、多くの人が「AIを理解するためには専門知識が必要なのでは？」と身がまえてしまいます。でも実際は、プロジェクトにかかわるほとんどの人に専門知識は不要です。もちろん、プログラムコードを書く必要もありません。**プロジェクトにかかわる非エンジニアには、「AIの概念を理解すること」だけが求められていると思います。**

本書には、非エンジニアがAIエンジニアと会話のキャッチボールをできるようになるための知識をぎゅっと詰め込んでみました。デジタル技術でもっとも将来性のある「AI」にスポットを当て、**「AIエンジニアと相談できる人材＝文系AI人材」になることを目指します。**

数学や統計が苦手でも、パソコンが苦手でもかまいません。企画、営業、広報、人事、総務など、今どんな仕事をしていてもかまいません。ただひとつ必要なのは、あなたがあなたの会社のビジネスロジックを理解しているということ。**ビジネスロジックを熟知しているあなたが、ほんの少しAIの勘どころ理解するだけで、AIエンジニアとのコミュニケーションが成立するようになります。**

「AI担当」になったら、何からはじめたらいいの？

AIの開発はAIエンジニアの仕事ですが、プロジェクト全体で考えれば、「ほんの一部」と考えることもできます。データ収集、システム運用、進行管理、評価、改善など、やるべきことは山ほどあります。

そして、AI開発以外は、すべて「文系AI人材（非エンジニア）」がサポートできる仕事です。これからは、AIエンジニアと手を組んで、AIプロジェクトをマネジメントできる文系AI人材が活躍する時代になります。現在、日本の企業でもAIを用いたプロジェクトがたくさん動いていますが、**AIをつくる人より、AIを運用できる人が求められています。**

今ほど**「AIの勘どころがわかる人」**が求められている時代はありません。「ITがわからないから、きっとAIもわからない」とあきらめないでください。「今がチャンス！」です。

では実際に、どんな力を身に付ければ文系AI人材として活躍できるようになるのでしょうか。

本書では、「企画力」「分析力」「推進力」の3つの力に分けて解説します。

「企画力」とは、AIの使いどころを発見する力です。あなたのビジネスロジックと照らし合わせながら、「どこにAIを使えばよい結果が出るか」を予測できるようになることを目指します。

「分析力」とは、AIシステムに必要なデータを用意する力です。AIシステムが意図通りに働くためにどんなデータが必要か、どうやって集めればいいかを見つけるための力を磨きます。

最後の「推進力」はプロジェクトを管理する力です。開発が一度のトライで完成するのは非常にまれなことなので、PDCAサイクルを回しながら、AIシステムを完成に近づけるためのノウハウを伝えます。システム開発の流れや手法を知識として身に付けておけば、より円滑なコミュニケーションを実現できます。

この本を読むために、統計学、プログラム言語、アルゴリズムなどの予備知識は一切不要です。専門書でしか目にしない特殊な用語もできるだけ除外しました。

ただし、AIの本をはじめて読む人は、第2章の「基礎知識編」で苦戦するかもしれません。その場合は、ざっと目を通してから、第3章以降に進んでいただいてかまいません。最後まで読んだあとに、もう一度、第2章を読み返すことでより理解が深まると思います。

AIエンジニアとコミュニケーションをとるために「最低限知っておくべき知識」がこの一冊で身に付きます。この本を読めば、自分で提案書を書ける人になれます。

これまで仕事を通じて学んだことを活かして、3年後も5年後も10年後も活躍するために、今すぐAIに少しだけ歩み寄ってみてください。デジタル化の波に乗るなら、今しかありません。

でも本当は、もっと肩の力を抜いて読んでもらってもかまいません。

会社から突然、AIプロジェクトの発案を求められて不安な人。一般教養のためにAIとデジタル技術の関係を整理しておきたい人。将来の転職・副業に備えて概要をつかんでおきたい人。動機はなんでもかまいません。

未来に向かって一歩踏み出そうとしているあなたの手助けになれば、それだけで光栄です。

2021年9月　大西可奈子

超実践！ＡＩ人材になる本 プログラミング知識ゼロでもＯＫ 目次

第2章 教養としての「ＡＩ・機械学習」入門

第3章 ［企画力］仮説と現場の声をカタチにする どこにAIを使うのか

第4章 ［分析力］データがプロジェクトの成否を握る どんなデータを用いるのか

第5章 ［推進力］AIシステム導入への7ステップ どこに向かって進めるのか

第6章 AIを使って課題を解決したい！［成功実例14］

第1章

AIプロジェクトのキーパーソンは文系AI人材

AIを使いこなせる人材になろう

デジタルの大きな波にのみ込まれる？

今、あなたがどんな仕事をしていても、コンピュータやソフトウェアをはじめとするIT関連の技術に無関心ではいられないはずです。あらゆることがインターネット経由でつながっている今、「ITのことはIT関連の企業におまかせ」とは言えない状況になりつつあります。

世のなかにインターネットが普及したのは、1990年代の後半でした。

次々とWebページが制作されるようになると、ページ制作を請け負う「Webデザイナー」という職業が増えました。

今ではだれもが知っている職業ですが、当時「Webデザイナー」が誕生することを予測できたのは、ほんのひと握りの人だったと思います。

「Webデザイナー」を予測できなかったように、これから誕生する「未来の職業」を予測することはとても困難です。**テクノロジーの進化とともに、新しい職業が生まれ、代わりに従来の職業が消えていく。**その流れのなかで「働くこと」の意味も大きく変わっていくことでしょう。

2020年、小学校ではプログラミング教育の必修化がスタートしました。

あと10年もすれば、プログラミングの基礎を身に付けた人材が活躍する時代に突入するかもしれません。

でも、あせる必要はありません。デジタル技術の進化に乗り遅れないようにするために、今からプログラミングを学ぶ必要もありません。もし、あなたがプログラマーに転身するつもりなら、プログラミングの勉強は必要ですが、大多数の人にとって、「プログラムを書く技術」は不要なのです。

AIの知識は「そこそこ」でかまわない

当然のことですが、あなたがプログラマーでなければ、プログラムを書く必要はありません。

ITやAI（人工知能）に関する技術がどんどん進化しても、新しいことを覚えなければならないのはプログラマーをはじめとするエンジニアのほうです。あなたが**非エンジニアであれば、「そこそこ知っている」を目指せば十分です。**

この「そこそこ」とは、「詳細は不明だが、何ができるかはわかる」という状態。技術的なことはさっぱりでも、「どんな意味がある技術なのか」を知っておけば大丈夫です。くわしいことがわからなくても、ビジネスの波に乗り遅れることはないでしょう。

「あれもこれも知っておかなければ」と考えると

苦しくなりますが、「そこそこでかまわない」と聞くと、気が楽になりませんか？

ソースコードが書けなければ、Ｗｅｂデザイナーにはなれません。でも、Ｗｅｂデザイナーに仕事をお願いして、ＥＣサイトを運営することはできます。

ＥＣサイトにおいて大切なのは、どんな商品が売れるか、どうすれば顧客を集められるかを知っておくことです。この**「ビジネスの勘どころ」**を知っていれば、Ｗｅｂサイトを自分で制作できなくてもかまわないのです。

本書は「ビジネスの勘どころ」を知っている非エンジニアをサポートするための本です。

「あれもこれも、知らなければならない！」から解放され、「そこそこ」の知識を身に付けるだけで、あなたがこれから活躍できる場が、いっきに広がるはずです。

現代ビジネスパーソンの必須スキルはＡＩ

私たちの働き方や仕事の形態はＡＩの進出によって、さまざまな変化をしてきました。今後はさらに進化を遂げることが予測され、会社の規模や業種にかかわらず「デジタル技術」とは無縁ではいられません。

最近は**「ＤＸ（デジタルトランスフォーメーション）」**という言葉もよく耳にします。

ＤＸという言葉は、**「最新のデジタル技術を駆使した、デジタル化時代に対応するための企業変革」**という意味で使われています。そして、このＤＸを推進するためには、デジタル技術を使うための基盤、体制、人材が必要です。

「デジタル技術」にはさまざまなテクノロジーが含まれますが、そのなかでもっとも潜在能力があり、大きな期待が寄せられている技術がAIなのです。**AIはデジタル技術の核心部分です。**

欧米や中国では、AIを搭載したソフトウェアやシステムを開発するAIエンジニアが急増しています。日本でも「AIエンジニア（AI分野を専門とするエンジニア）」と呼ばれる人が増えています。自分でイチからプログラムしなくても、マウス操作だけで簡単にAIを構築できるツールも数多く提供されているため、AIエンジニアの技術的なハードルも下がりました。

まだまだ人材は不足していますが、これからはITエンジニアからの転身も見込めそうです。

その一方で、**AI事業を企画・推進できる「文系AI人材」は圧倒的に不足しています。**

この場合の「文系AI人材」とは、非エンジニアのことで、AIプロジェクトを推進する役割を与えられた人を指しています。

本書では、AIプロジェクトのプランナーやプロジェクトマネージャーの役割をになう人材も含めて**「文系AI人材」**と呼ぶことにします。

AIをつくることができない文系職にこそチャンスはある！

AIプロジェクトの成否は、**文系AI人材とAIエンジニアの関係性によって決まる**と言っても大げさではありません。コミュニケーションの状態がいつも良好で、なんでも気軽に相談できる関係であれば、プロジェクトが成功する確率が高まります。一方、両者がきちんと向き合えない関係のときは、（能力が高くても）失敗する可能性が高いと言えます。

どんな内容のプロジェクトでも、この関係性はとても大切です。

もし**AIエンジニアが、最新技術を使ってAIを搭載した新システムを開発しても、それが利益につながらなければ、ビジネスとしては成立しません。**ビジネスにならなければ、AIエンジニアが開発するためのコストも捻出できません。そして、コストが捻出できなければ、完成度の高いAIシステムはつくれません。

この理想と現実のギャップを埋めるのが、文系AI人材の役割です。

文系AI人材とは**「どんな商品・サービスなら売れるか」「どうすれば価値のある商品・サービスになるか」**を知っている人です。

そして、それを実現するために、システムの設計をAIエンジニアと相談できる人です。

つまり、文系AI人材はAIプロジェクトを成功させるために不可欠なキーパーソンなのです。

あなたが、これまでITやAIに関係ない職場で働いていても問題はありません。**それぞれの現場で積み重ねたビジネスのスキルに、本書で紹介するAIの知識やテクニックをプラスすれば、最強の文系AI人材になれます。**

AIプロジェクトのプランを出したりプロジェクトをマネジメントしたりできる人材になれば、今の会社で確かなポジションを築けるようになるはずです。「成功は約束されている」と言ってもいいでしょう。

（お互いに発想が違うので「すり合わせる努力」が必要）

文系AI人材の発想

- 商品・サービスの ターゲットはだれか？
- ビジネスのどこに AIを導入するか？
- ビジネスの成功に必要な AIの精度は？
- 開発コストの上限はいくらか？

AIエンジニアの発想

- どんなシステムを設計するか？
- 具体的にどんなAIを 開発するか？
- 技術的にどこまでAIの精度を 上げられるか？
- 開発期間はどれくらい必要か？

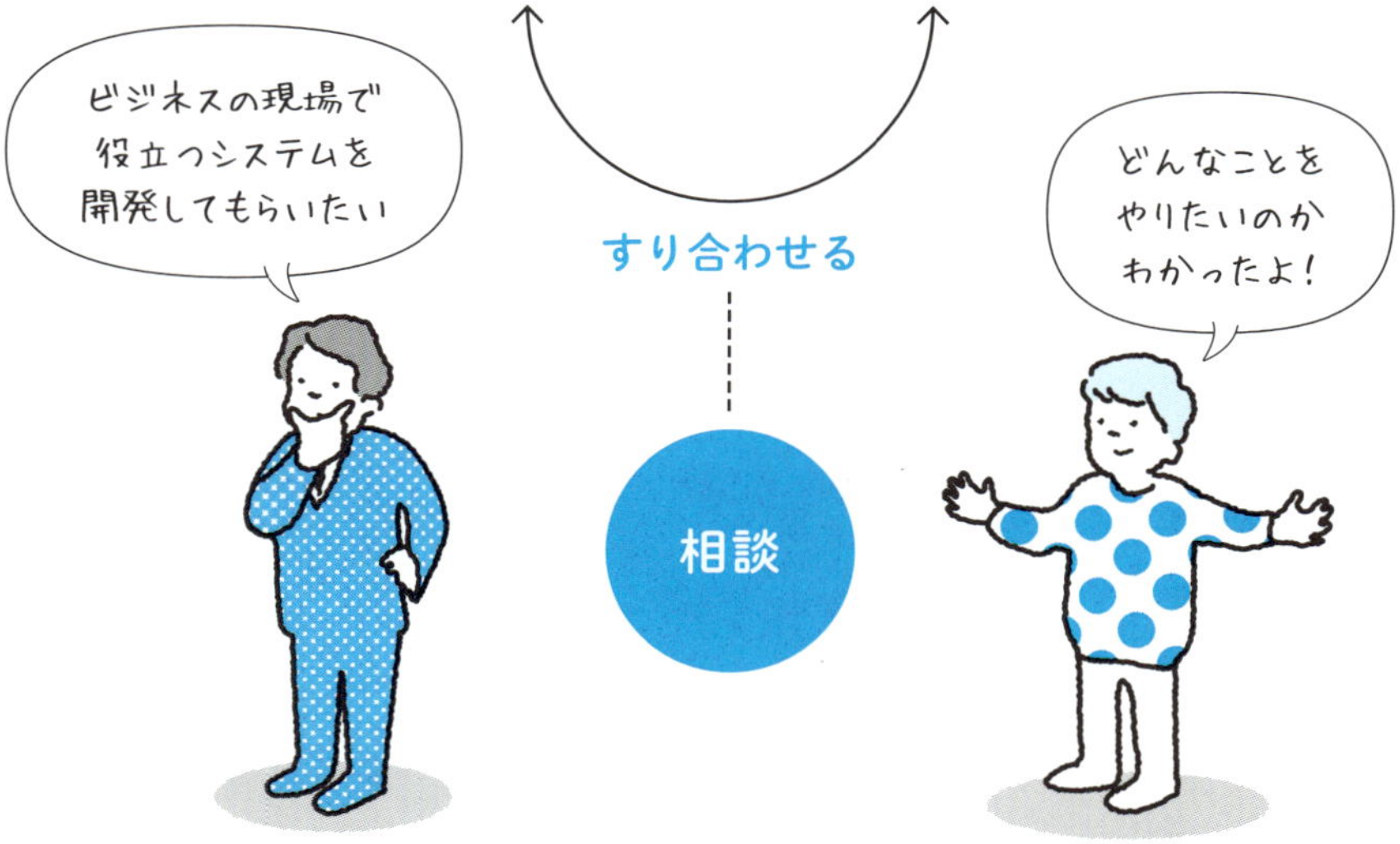

文系AI人材
＝
キーパーソン

AIエンジニア

文系AI人材の役割

- 自社の強みを知り、ビジネスの戦略を立てる
- 密なコミュニケーションを取りながらチームで進めていく

そもそも AIって何？

強いAIと弱いAI

では、文系AI人材がキーパーソンとして活躍するためには、どうすればいいでしょうか。

実務的なノウハウはあとの章にゆずるとして、ここでは、AIの「あいまいさ」をクリアにすることから始めてみます。

「AI＝難しい」と感じてしまうのは、その言葉の「あいまいさ」に由来します。

たとえば、「AIが人間の仕事をうばう」という表現を聞くと、「AI＝人格をそなえたロボットのようなもの」と感じてしまいますよね。「人工知能が暴走して人間を支配する」という表現も同じです。危機感をあおるためにあえて擬人化しているだけです。

「シンギュラリティ」という言葉をご存じですか。

強いAIと弱いAIはどこが違う？

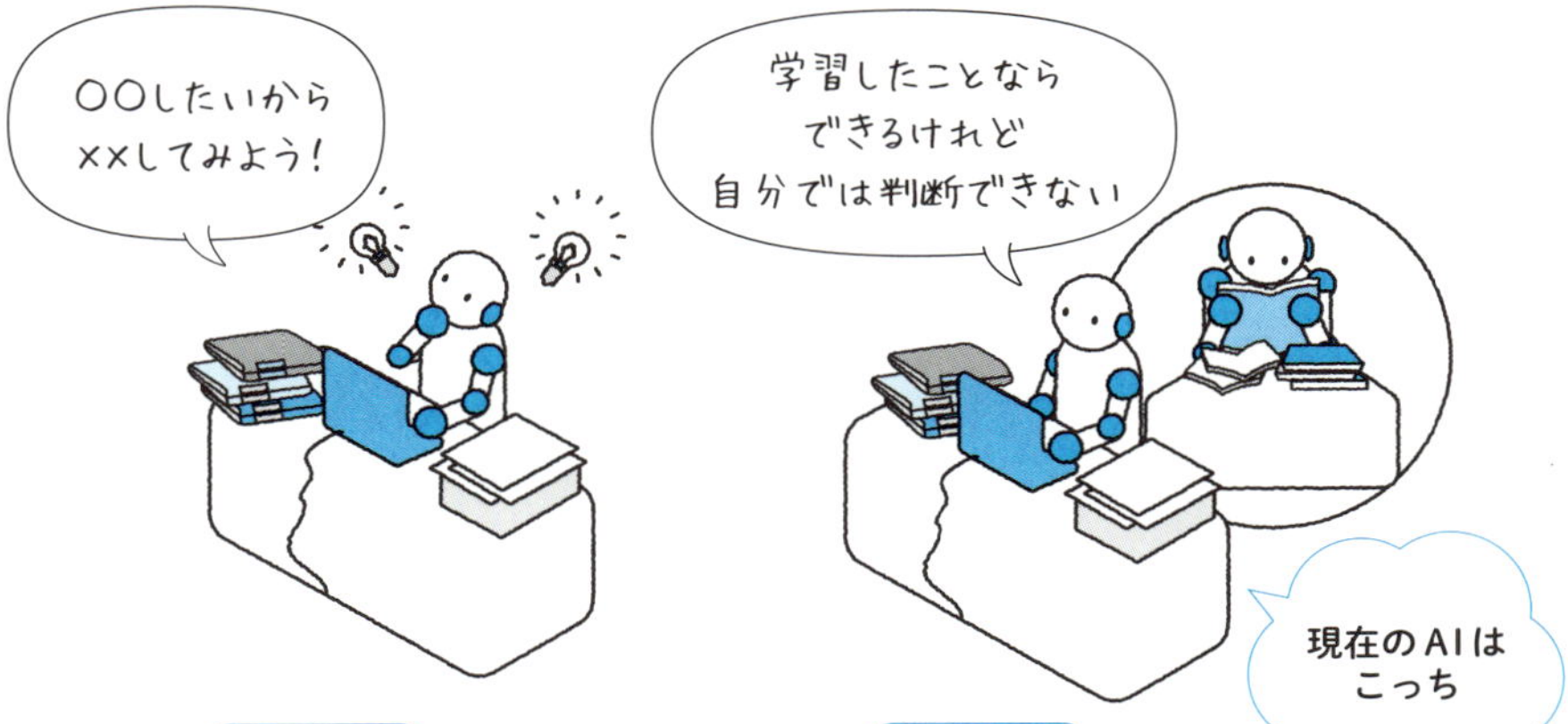

強いAI

・自分の意思を持つ
・総合的な判断ができる

弱いAI

・特定の業務を行う
・決まったことしかできない

これは「技術的特異点」と訳される概念です。アメリカの発明家レイ・カーツワイル氏が提唱したもので、具体的には「ＡＩの知性が地球上の全人類の知性を超える時点」を意味します。カーツワイル氏は、プログラムされた**自分の意識を持ち、総合的な判断ができるＡＩを「強いＡＩ」**と呼び、「このＡＩの登場は新しい生物の出現に匹敵するほど重要」と評価しています。そして、シンギュラリティの到来を２０４５年と予測しています。

近い将来、映画『ターミネーター』で描かれたような機械（ＡＩ）が人間を支配する世界がやってくる可能性は否定できません。

これに関して、さまざまな議論が展開されていますが、この本ではこのような「強いＡＩ」を除外して考えます。

本書であつかうのは**「弱いＡＩ」**です。「弱いＡＩ」とは**一定の業務を行うことに特化したＡＩ**のことです。

つまり、「弱いＡＩ」とは、私たちの職場で今取り組んでいる仕事の手順を改善したり、新しいビジネスを手助けしたりしてくれるようなＡＩのことです。

ＡＩの進化の過程を4つに分けるとすっきりする

「ＡＩ」という言葉をあいまいにしているもうひとつの要因として、その進化の過程がないまぜになり、混乱を招いているという点があげられます。

１９５６年にスタートしたとされる「ＡＩ」にまつわる概念は、いくつかの停滞期をはさみながら、少しずつ変化してきました。そして、世のなかで一般的に「ＡＩ」と呼ばれているものには、古い技術も新しい技術もまざっているのです。

古い技術で可能なＡＩと最先端技術を駆使したＡＩが、同じように「ＡＩ」と呼ばれることが、この言葉をますますわかりにくくしています。

東京大学の松尾豊教授の著書によると、世のなかで語られているＡＩは、以下の４つのレベルに分けられます。

レベル１：単純な制御プログラムを「人工知能」と称している
レベル２：古典的な人工知能
レベル３：機械学習を取り入れた人工知能
レベル４：ディープラーニングを取り入れた人工知能

レベル1は、昔からある制御工学やシステム工学にもとづいた技術です。家電メーカーがマイコン制御のエアコンや洗濯機などを、宣伝のために「ＡＩ」と呼ぶ場合が、これにあたります。

レベル2は、対応のパターンがとても多彩な

「AI」と呼ばれるものには4つのレベルがある

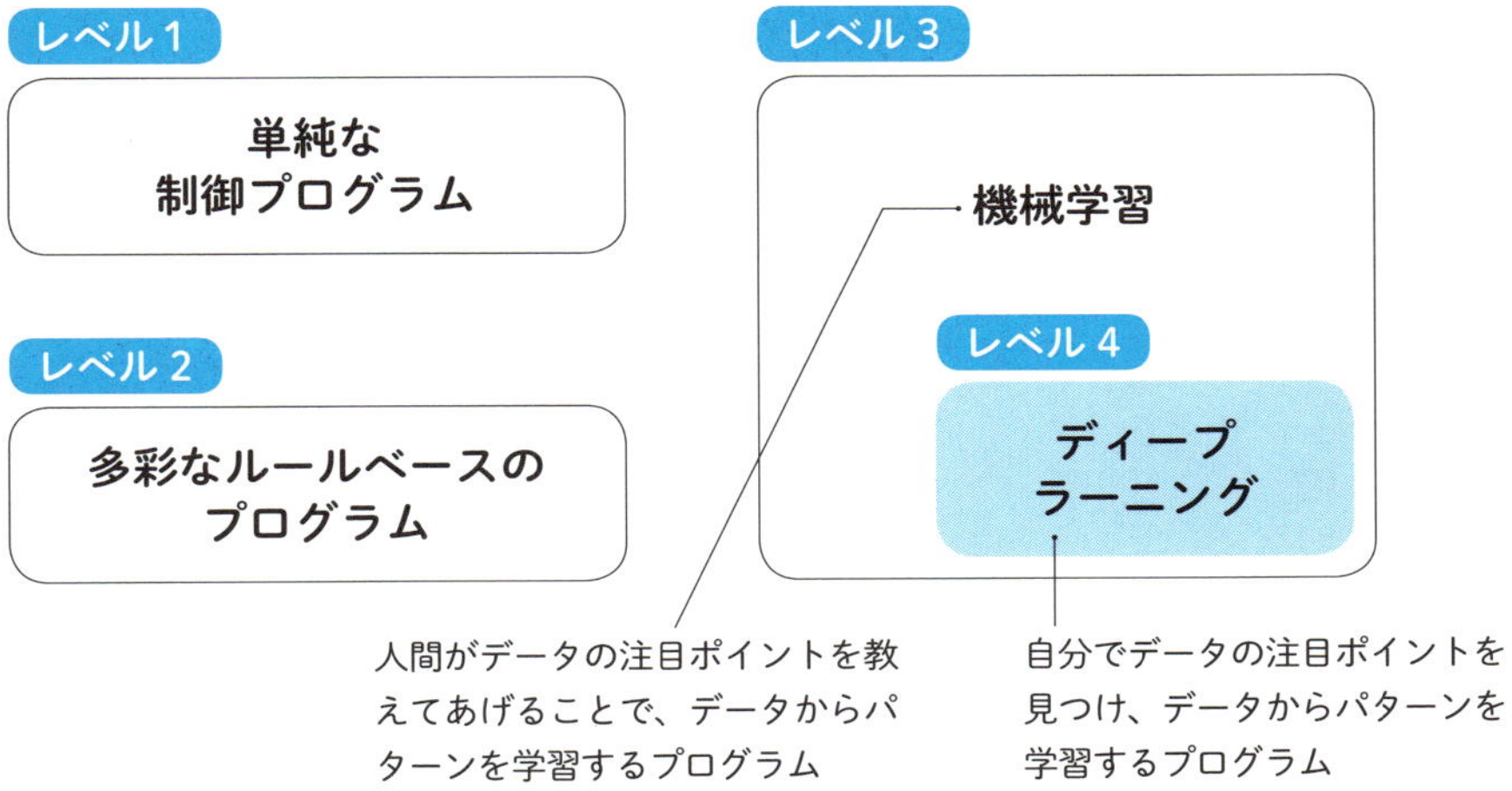
レベル1
単純な制御プログラム
レベル2
多彩なルールベースのプログラム
レベル3
機械学習
レベル4
ディープラーニング
人間がデータの注目ポイントを教えてあげることで、データからパターンを学習するプログラム
自分でデータの注目ポイントを見つけ、データからパターンを学習するプログラム

「ルールベースのプログラム」を指します。入力と出力の関係に一定のルールが存在するものの、組み合わせの数がとても多いため、多彩な対応をしてくれるように見えるAIです。古典的な将棋ゲームや掃除ロボットなどが、このレベルに入ります。

レベル3は、機械学習を行うAIです。機械学習とは、たくさんのデータをもとに、あるパターンを学習して、適切な答えを見つけられるようにするための手法です。具体的には、ビッグデータ分析や検索エンジンなどに利用されている技術を指します。

レベル4は、ディープラーニング（深層学習）です。ディープラーニングも機械学習のひとつの手法ですが、特徴量（データのどこを参考にしてパターンを見つければいいかを示す指標）を自分で発見できるという点に違いがあります。レベル3の機械学習では、特徴量をAIエンジニアが調整する必要がありますが、レベル4のディープラーニングでは、コンピュータが自動的に特徴量を発見してくれます。

この本では、レベル3とレベル4をあつかいます。

レベル4のディープラーニングも広い意味では機械学習の手法なので、**「AI＝機械学習」と考えることもできます。**

さてここまで、AIという言葉のあいまいさを回避するために、本書であつかう「AIの定義」について説明しました。

まず、強いAIと弱いAIという言葉の話では、「弱いAI（一定の業務を行うことに特化したAI）」を対象とすることを示しました。

そして、混同されがちなAIのレベルについては、「AI＝機械学習（ディープラーニングを含む）」と定義しました。

なお、IoT（インターネット・オブ・シングス）やVR（バーチャ・ルリアリティ）、5G（ファイブジー）など、ほかの最新デジタル技術とセットにして、「AI」と呼ぶ場合もありますが、この本ではきちんと区別して解説します。

AIの仕組みはシンプル！入力データを処理して出力する

ここまで読んで、もやもやしていた部分が少しずつクリアになってきたのではないでしょうか。さらに一歩ふみこんで、「AIシステムとは何か」について考えてみます。でも、難しく考える必要はありません。

図のように**「AIシステム」は、すべて「入力」「処理」「出力」の3つのパート**に分けて考えることができます。

「入力」の部分には「元データ」が入ります。A

AIシステムの構造はほかのプログラムと同じ

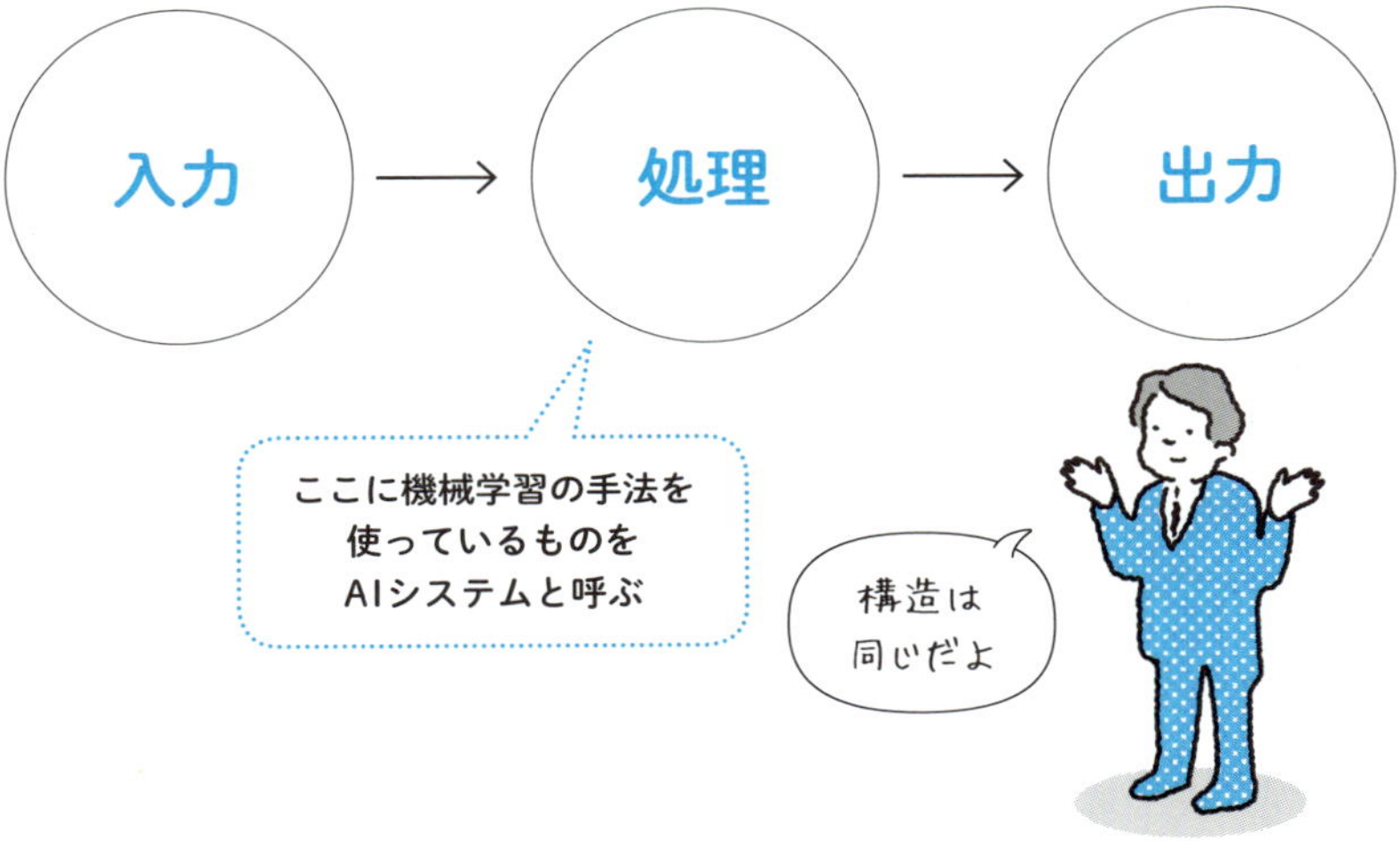

ーで処理する前のデータです。「出力」の部分には「処理後のデータ」が入ります。

そして、「処理」の部分には、AIの「学習モデル」が入ります。

学習モデルとは、機械学習の学習により作成された「パラメータを持つプログラム」を指す言葉です。実体はコンピュータ上のプログラムですが、性能や精度はそれぞれ違います。そのため、「入力されたデータを処理するためのプログラム」と言い換えることもできます。

一般的なルールベースのプログラム（ルールに基づいて組まれたプログラム）でも、「入力→処理→出力」という基本的な流れは同じです。この処理にかかわる部分に、機械学習の技術が使われているものだけを「AIシステム」と呼ぶ、というわけです。

AIプロジェクトの3つの落とし穴

デジタル技術は日々めざましく発展していますが、じつはAIをうまく活用できている商品・サービスは、ほんのひと握りです。それはなぜでしょうか。それは、AIならではの落とし穴にはまってしまうからです。

プロジェクトを100%成功させるコツはありませんが、失敗を招く共通の理由はいくつかあります。

ここでは、3つのポイントから見ていきます。

落とし穴❶ プロジェクトのゴールがあいまいな状態でスタート

AIプロジェクトをスタートさせるときは、まず「なぜAIを使うのか？」と自分に問いかけてみてください。

あなたの答えは次のなかにありますか？

①上司に「何か考えろ」と命令されたから
②新しいことができそうな気がするから
③ライバル会社がAIを使っているから
④AIを使わないと時代に乗り遅れるから

どうですか、どれかに当てはまりますか？

答えが①や②の場合は安心です。まだ、何も決まっていない状態からスタートするのであれば、企画を煮つめていく段階でAIを使う理由を明らかにして、ゴールを設定すればいいからです。きっかけが何であれ、「AIで何かできないかな」と考えることが大切です。

もしあなたの答えが③や④であれば、少しだけ注意が必要です。それは、**高性能のAIや先進的なAIを開発することが目的になってしまう危険性**があるからです。

残念ながら、どんなにすばらしいAIシステムが完成しても、利益に結び付かなければ、そのプロジェクトは失敗です。

一方、ありふれたAIシステムでも、大きな利益に結び付くのであれば、そのプロジェクトは成功です。

ここで言う利益とは、商品・サービスを販売して新たにお金を得ることだけではありません。ネックになっている課題（コストや手間がかかりすぎる部分）を解決して効率を上げることも、企業にとって大きな利益につながります。

つまり、あなたが職場の代表としてプロジェクトに参加するなら、**「これまでよりたくさん儲けること（利益の追求）」、または「これまでより効率のよい方法を選ぶこと（業務の改善）」**が、AIプロジェクトのゴールになります。ほとんどの場合、ビジネスのゴールはこのどちらかになるので、特別なことではありませんよね。

ところが、「③ライバル会社がAIを使っているから」「④AIを使わないと時代に乗り遅れるから」などの理由でAIプロジェクトをスタートさせると、**「AIを使うこと」がゴールになってしまう場合があるのです。**

長期的な視野でとらえれば、失敗の経験が次の成功を呼び込む可能性はありますし、そのことは否定できません。

でもやはり、はじめから成功したほうがいいですよね。

AIに対する需要はどんどん高まっていますが、企業によってまだまだ差があるのも事実。経営陣に「AIなんてダメ」というレッテルを貼られないためにも、まずは小さな成功を目指してください。

小さな成功を実現できれば、次のプロジェクトにつながる道が見えてくるはずです。

また、現時点ではコストがかかりすぎることでも、AIに関する技術革新が進み、数年後には低コストで実現できる可能性もあります。ですから、「このプロジェクトにすべてを賭ける」と考えるのではなく、ときには「実現できる時期を待ってみる」という発想も必要です。

AIプロジェクトにおけるゴールの設定と企画立案の手順は、第3章でくわしく解説します。

落とし穴❷

AIプロジェクトはデータが命

前述の通り、AIシステムは、データの「入力↓処理↓出力」のサイクルで動きます。

機械学習では、コンピュータにたくさんのデータを入力して学習モデルをつくります。この場合の学習モデルとは、機械学習により作成されたパラメータを持つプログラムのことでした。

これを「入力値を受け取り、何かしらの評価・判定をして出力値を出すもの」と言い換えることもできます。AIの「頭脳のようなもの」と覚えておいてください。

この頭脳の性能は、**入力するデータの「質」や「量」に左右されます。**そのため、AIプロジェクトは「データが命」と言われています。

最速のコンピュータと最新のプログラムを用意しても、データの「質」が低ければ、よい結果は得られません。一方、データの「質」が高ければ、精度の高い学習モデルが完成します。学習モデルの完成度が高ければ、期待通りの出力を得られます。

また、AIに入力するデータは「量」も大切です。質の高いデータであれば、データ量が多いほどAIの精度が上がる確率が高まります。

機械学習ではさまざまなアルゴリズム（問題を解決する手順・方法）が利用されます。このアルゴリズムにより必要なデータ量は変化しますが、何万、何十万のデータが求められるのも、めずらしいことではありません。

あなたの会社に、AI開発のためにすぐに使える精度の高いビッグデータが用意してあるのであれば話は別ですが、そんなラッキーなケースは非常にまれです。

たいていの場合、次のどれかに当てはまるのではないでしょうか。

- データはたくさんあるが質が低い
- データの質は高いが量が少ない
- 使えるデータが存在しない

プロジェクトの内容によって、データ量が数千でも成立する場合があります。また、手元にデータがなくても、ビッグデータから必要なデータを抽出するプログラムをエンジニアに書いてもらうだけで、いっきに問題が解決する場合もあります。**データの準備は、文系AI人材が率先して行うべき大切な仕事です。**質・量ともに適正なデータを用意できれば、そのプロジェクトは半分成功したようなもの。データ準備の段階から、AIエンジニアに相談して調整しましょう。

データの準備には予想以上にコストがかかります。データを準備する段階で「予算をすべて使いはたした」とならないように、はじめからコストを組み込んでおきましょう。

データ準備に関するノウハウは第4章で紹介します。

落とし穴❸

PoCの無限ループで本格導入まで進まない！

突然ですが、**「PoC（ポック）死」**という言葉を聞いたことはありませんか？

PoCとは「Proof of Concept（概念検証）」の略称で、テスト版をつくり、仮運用してみる段階を指す言葉です。このPoCがうまくいかず、本格導入に突入する前にプロジェクトが終了してしまうことを「PoC死」と言います。

残念ながら、AIプロジェクトにおいてPoC死はめずらしいことではありません。

では、なぜ途中で終わってしまうのでしょうか。原因はいくつか考えられます。

- AIの力を過信していた
- 100%に近い精度を求めた
- 全員でゴールを共有しなかった
- 開発コストがふくらんだ

このほかにも失敗の原因は考えられます。原因がひとつではない場合もあるでしょう。また、こ

AI人材の役割はボート競技のコックス

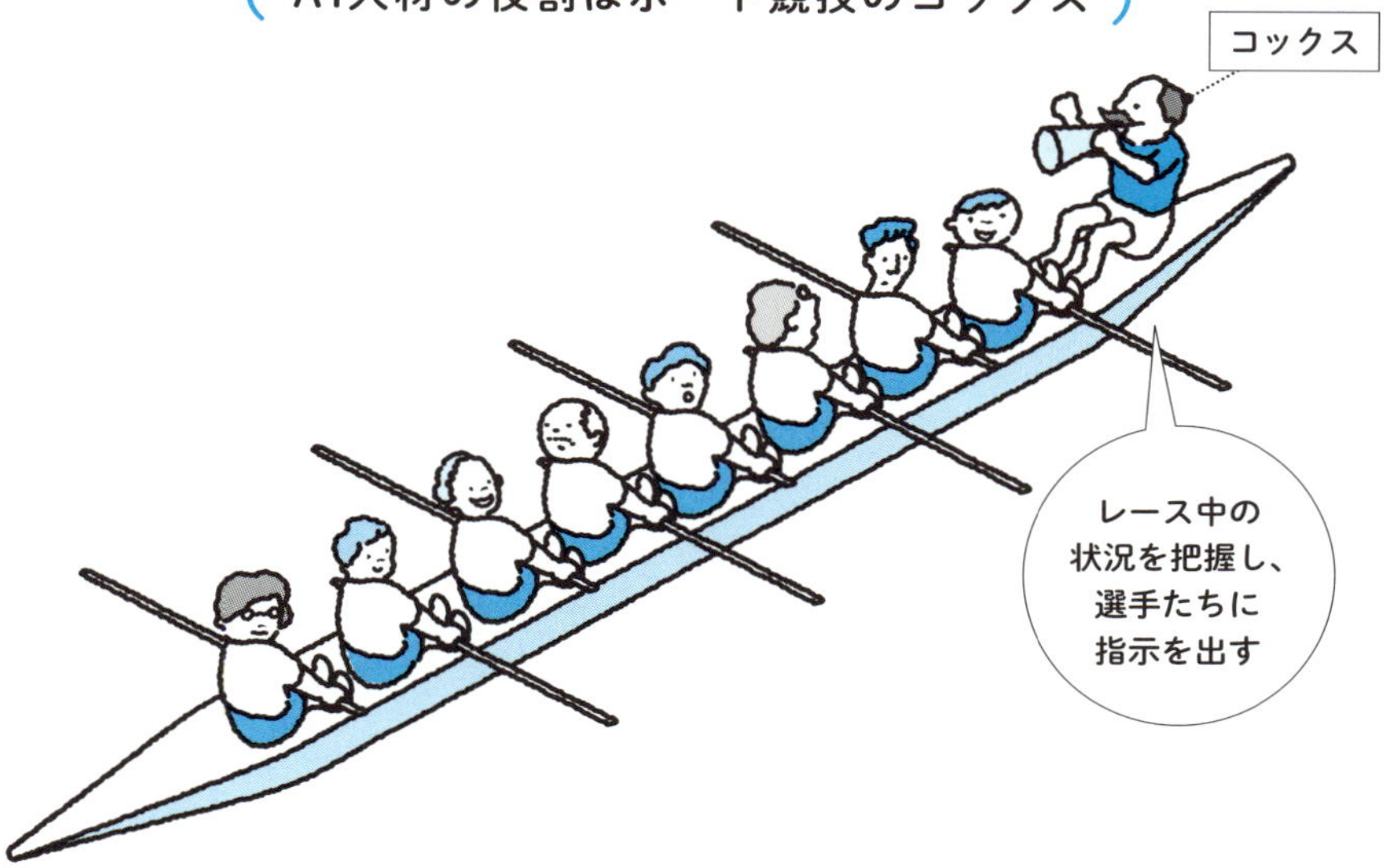
コックス
レース中の
状況を把握し、
選手たちに
指示を出す

こでは「PoC死」にふれましたが、PoCが成功しても、本格導入にたどりつかないケースもあります。

こんなふうに失敗例ばかりあげていると、「なんだか難しそう」と感じてしまいますよね。でも、必要以上に心配しないでください。

AIプロジェクトをマネジメントするのは文系AI人材であるあなたですが、ひとりでボートを漕ぐわけではありません。

オリンピック種目にもなっている「エイト」と呼ばれるボート競技をご存じですか。

エイトでは8人でボートを漕ぎます。「クルー」と呼ばれる漕ぎ手は8人ですが、ボートの先頭に1人だけ逆向きに座っている選手がいます。これが「コックス」と呼ばれるポジションです。

コックスは8人のクルーにメガホンでレースの状況を伝えます。逆を向いているのはそのためです。そして、勝負どころで声をかけ、クルーの気持ちを盛り上げます。

「コックスの腕で勝負が決まる」と言われるほど大切な役割ですが、コックスはまったくボートを漕ぎません。

文系AI人材の役割は、エイトのコックスのようなものではないでしょうか。

最後までプログラムを書くことはありませんが、クルー（AIエンジニアをはじめとするチームのメンバー）に声をかけて、ボートをゴールまで進める責任があります。責任は重大ですが、やりがいのあるポジションであることに間違いはないのです。

文系AI人材に求められる3つの力

ここまで読んで「やっぱり難しそう」「自分には無理」と感じた方もいらっしゃるでしょう。

でも、安心してください。それほど難しいお話ではないことを、次第にわかっていただけると思います。

あなたがすでに身に付けている専門分野のスキルに3つの力をプラスするだけで文系AI人材としてバリバリ活躍できるようになります。

本書で紹介する3つの力とは、**「企画力」「分析力」「推進力」**です。

ひとつ目の**「企画力」は、AIの使いどころを発見する力**です。あなたのビジネスにおいて、AIをどのように使えばよいかを予測する能力です。こちらは第3章で紹介します。

次の**「分析力」は、AIプロジェクトに必要なデータを準備する力**です。AIに入力するデータの量や質を見極めながら、適切な準備を進める能力です。これは第4章で解説します。

そして、**最後の「推進力」は、AIプロジェク**

トをマネジメントする力です。ＰＤＣＡサイクル（Plan→Do→Check→Action）を回しながら、目標達成のためにプロジェクトを推進する力です。これは第5章で解説します。

自社のビジネスを熟知している人が、この３つの力を身に付ければ、ＡＩを活用するための提案書をどんどん書ける人になれます。そして、（自社または他社の）ＡＩエンジニアやスタッフと協力しながら、プロジェクトを推進するリーダーとして活躍できるようになります。

もっと具体的に言うなら、次のような行動をとることができるようになります。

- ＡＩに何ができるかを予測する
- ＡＩに必要なデータの質・量を予測する
- プロジェクトに必要な人材を選ぶ
- 開発・運用のコストを試算する
- ＡＩエンジニアと具体的に相談する
- 失敗につながるリスクを回避する
- ムダな工程をはぶく方法を発見する

どうですか？　必要な取り組みは、目新しいものばかりではありませんよね。あなたのこれまでの経験に、少しプラスすることで可能になると思いませんか？

この機会にぜひ挑戦してみてください。

文系AI人材に求められる3つの力と7つの行動

アイデアを出す
企画力

データをまとめる
分析力

プロジェクトを管理する
推進力

＋7つの行動

1. 何ができるかを予測
2. データの質・量を予測
3. 人材を選ぶ
4. コストを試算する
5. エンジニアと相談する
6. リスクを回避する
7. ムダな工程をはぶく

文系AI人材がやるべきこと

- 企画を立てて必要なデータを用意する
- AI エンジニアとコミュニケーションをとる
- プロジェクトを管理してスムーズに進行させる

AIはふだんの生活のどこで使われているのか

AIでどんなことができるの？

ここまで、AIプロジェクトや文系AI人材について説明しました。

AIプロジェクトで必要とされる文系AI人材のポジションや役割をなんとなくつかめたのではないでしょうか。

ではここで実際に、AIが私たちの日常生活のなかで、どのように使われているかを確認しておきましょう。

AIの使いどころはたくさんあります。近い将来、ほとんどの業種・業態で活用されるようになることも予測されています。

「なんとなくこのあたりに使われていそう」と予測できても、**「どの部分にAIが使われているか」を指摘するのは案外難しいもの**なのです。

本書では現在活用されている「AIのスキル」を12種類に分類していますが（第3章110ページ）、そのなかから3つを選んで紹介します。

画像認識

- マスク着用時の顔認証システム
- 営業職の表情トレーニングアプリ
- 商品の形や数を認識して支払い金額を表示する会計システム
- 機械のパーツの不良品を検出するシステム

など

音声認識

- スマホの音声認識サービス
- スマートスピーカーの機能
- 人間の会話をテキストに書き起こすサービス
- 音声から感情を読むサービス

など

未来予測

- ある商店の毎日の顧客の数を予測
- 不動産の価値を予測
- 野菜の収穫時期況を予測
- 未来の在庫数を予測

など

これから順に内容を確かめていきます。AIの使いどころについて理解を深めておきましょう。

AIの得意分野のひとつ「画像認識」

「画像認識」とは、画像内に写っているものが何かをコンピュータに認識してもらう技術です。人間の目の代わりとも言える、この技術は急速に広まっています。

身近な例でいえば、**「顔認証システム」**にも、この技術が使われています。オフィスの入退室時

マスクの有無をAIで判定する流れ

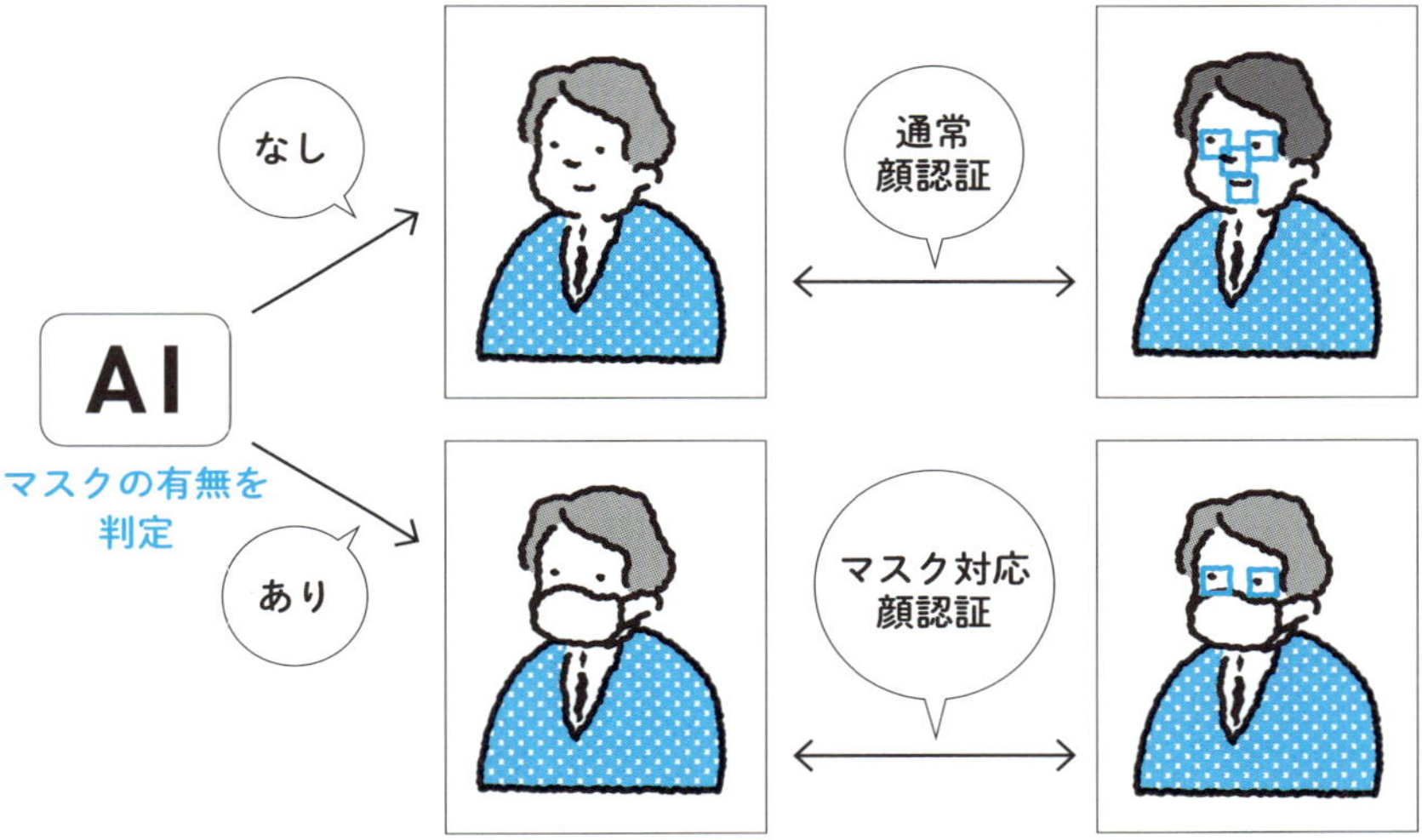

に顔認証を採用すれば、カギを使ったりパスワードを設定したりする手間がはぶけるだけでなく、セキュリティ対策としても有効です。

また、新型コロナウイルス感染症の対策として、マスクを着用した状態での顔認証システムが注目を集めています。

NECソリューションイノベータは、マスクを着用したままでも高精度な認証ができる顔認証システム「NeoFace KAOATO*」を開発・販売しました。

あらかじめ登録しておいた個人の顔画像から、AIがマスクの着用の有無を判断。この時点で顔を照合する方法を選択します。マスクがない場合は、顔全体を登録しておいた画像と比較して「通常顔認証」を実行。マスクがある場合は、マスクでおおわれていない目の周辺に重点を置いた「マスク対応顔認証」を実行します。

この顔認証システムにより、マスク着用時でも

* NeoFace KAOATO：https://www.nec-solutioninnovators.co.jp/sl/kaoato/index.html

高い精度で本人確認を行うことができるようになりました。

スマホでおなじみの「音声認識」とは？

「音声認識」とは、人間の音声をコンピュータに自動的に認識させる技術のことです。

もっとも身近な音声認識サービスといえば、iPhoneやiPadに装備されたSiri（シリ）や、Android端末で使えるGoogleアシスタントでしょう。

「Hey Siri（ヘイ、シリ）」「OK Google（オーケイ、グーグル）」とスマホやタブレットに向かって呼びかけるだけで、音声を聴き取り、メッセージの内容に合わせて対応してくれるおなじみのサービスです。

キーワード検索をはじめ、アラームやタイマー、リマインダーのセット、経路のチェック、カレンダーで予定を確認するなど、声だけでデバイスを操作できます。

電話をかけたり音楽を流したりすることもできるので、慣れればとても便利ですよね。

音声認識サービスでは、AIが瞬時に音声を認識して、もっとも適切なテキストに変換します。そのあとコンピュータは、テキストの内容に合わせてさまざまな動作を実行します。

つまりAIは、この**「音声→テキスト」の変換部分に活用**されているのです。

ここで、音声データをテキストデータに変換するまでの流れを簡単に説明しましょう。

まず、音声データからノイズを取り除いて整理し、周波数や音の強弱に関するデータを集めます。

そのあと、音素（音声の最小単位）に分解し、その音素を単語に置き換える作業を行います。最後に、単語の並びが文章として適切になるように並び替えて調整します。

ここでは、音声データをテキストデータに変換するまでに、**さまざまな工程が必要なこと**だけをつかんでおいてください。

この音声認識サービスの技術は、「スマートスピーカー」と呼ばれるシステムにも活用されています。スマートスピーカーとは、インターネットと接続して人の音声を認識し、AIが暮らしをサポートするスピーカーの総称です。

Siriが使えるHomePod（ホームポッド）、Googleアシスタントに対応したGoogle Home（グーグル・ホーム）、AmazonのAlexa（アレクサ）を搭載したAmazon Echo（アマゾン・エコー）などが有名です。

このほかにも、**AIによる音声認識の技術は、さまざまなサービスの「チャットボット」に利用されています。**

チャットボットとは、「チャット（インターネット上の会話）」＋「ボット（ロボット＝自動化したシステム）」を組み合わせた造語です。そして、ある程度まで会話ができるSiriやGoogleアシスタントも、チャットボットの一種と考えることができます。

ちなみに、われわれ人間の言葉とコンピュータをつなぐ技術は**自然言語処理**（Natural Language Processing　略称：NLP）と呼ばれています。

自然言語処理の技術はとても幅が広く、それぞれの分野で新しい技術が次々に生まれ、進化し続けています。その進化をあと押ししているのはAIですが、自然言語処理の全般にAIが使われているわけではありません。

このあたりの関係はちょっと複雑なので割愛しますが、**人とコンピュータが会話するために、さまざまな技術が複合的に使われていること**だけは理解しておきましょう。

AIの「未来予測」で何ができる？

音声認識も画像認識も、**「パターン認識」**のグループに属する技術です。パターン認識とは、雑多な情報を含むデータから一定の規則や意味を持つ対象を取り出す処理のこと。その意味で、3つ目の「未来予測」は少しだけ違います。

ここで紹介する**「未来予測」とは、AIを使って未来に起こる物事や数値を予測する技術**です。

予測できる物事や数値はさまざまです。

たとえば、ある商品の需要（顧客の数）を正確に予測できれば、ショップに置く商品の数やスタッフの数を上手に調整できるので、コストのムダを最小限に抑えられます。

これまで、顧客の数はベテランの勘に頼って予測していました。仕入れのベテランなら、過去の経験から「今日はこれくらい売れるだろう」と予測できるからです。でも、残念ながら、この勘には波があります。「当たる日もあれば、はずれる日もある」というのが本当のところではないでしょうか。

AIも100％言い当てることはできませんが、当たる確率はもっと高くなります。

AIは天気、湿度、気温、過去の売上など、膨大なデータを処理して予測するため、**「人間より高精度な予測を実現できる可能性が高い」**と言えるのではないでしょうか。

この予測分析は、ほかの分野でも利用されています。

たとえば、株式会社ワンダラスでは、マンションの価格をAIで予測するサービス「OlivviA（オ

不動産の価値をAIで予測するサービス

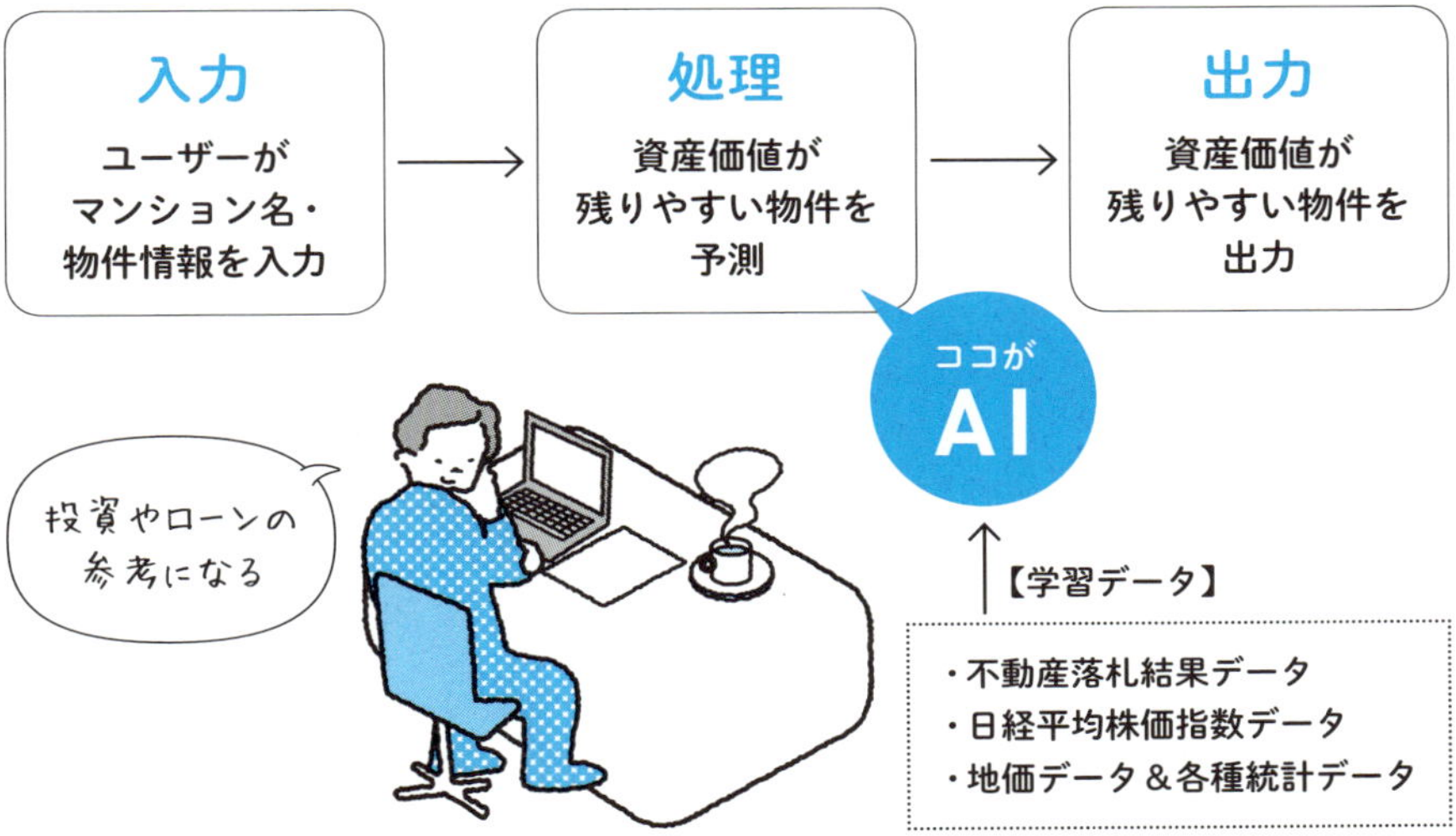

リビア）」を開発しています。これはマンション物件の推定最低資産価値の推移を現在、5年後、10年後の競売市場での売却金額（最低資産価値）として段階的に予測できるオンライン上の検索サービスです。

サービスの対象は、居住または投資の目的で新たにマンションを購入しようと検討中のユーザーです。

ユーザーは、このサービスを利用することで、将来的に資産価値が残りやすい物件はどれかを予測できるようになります。同時に、推定担保価値から逆算すれば、リスクの少ない住宅ローンの組み方を考えることもできます。

このAIが学習するために利用しているデータは、不動産落札結果データ、日経平均株価指数データ、地価データ、各種統計データなどで、このデータの組み合わせ方には、国際特許出願中のアイデアが含まれています。

AIの事例を知ればアイデアがわく

AIプロジェクトを成功させるためには、他業種のさまざまな事例を知っておくことが大切です。

ふだんの生活のなかで、メモ帳に課題を箇条書きにする習慣をつけるという方法も有効です。たとえば、営業部に所属する人なら、日報を書くついでにその日の課題を手帳に抜き書きしてみるのです。

「ここにAIを使ったらどうなる?」「これはAIで解決できるかもしれない」などとアイデアを広げながら、AIの活用ポイントを見つける目を養ってください。このほかの事例は第6章で紹介します。

第2章

教養としての「AI・機械学習」入門

「機械学習」ってよく聞くけれど……

「機械学習」はＡＩを支える技術のひとつ

ＡＩの話題になると「機械学習」や「ディープラーニング」などの単語をよく耳にします。第1章でふれたように、**ディープラーニングも機械学習の手法なので、「ＡＩ＝機械学習」と考えることができます。**

ＡＩの分野において、機械学習は現在もっとも利用されている技術なので、どんなものかを知っておく必要があります。一度にぜんぶ覚えようとしなくても大丈夫です。「何かあったな」と頭のスミに置いておくだけでも、大違いです。

さて、では、機械学習とはどんなものなのでしょうか。

ひと言で説明するのは難しいのですが、簡単に表現するなら、機械学習とは、たくさんのデータをもとに、あるパターンを学習して、適切な答えを見つけられるようにするための手法です。

もう少しくわしく説明します。

ルールベースのプログラムでは、人が考えてルールを決める必要があります。

これは、「AというデータにBという処理をしてCとして出力する」というルールを決めておくという方法です。教わったことを教わった通りに実行するのがルールベースのプログラムです。

一方、機械学習の学習モデルは、**自分でルールを考えながら出力してくれます。**

「自分でルールを考えること」がそんなにすごいことでしょうか。あまりピンとこないですよね。

具体例をあげて説明してみます。たとえば、機械学習の学習モデルは**「メールソフトの迷惑メール判定」**に利用されています。迷惑メールを自動的に「迷惑メール」フォルダにふり分けてくれる機能です。

機械学習で学んだAIは、大量のデータから自分なりにルールを見つけ、「普通メール」と「迷惑メール」を判定できるようになります。

具体的な例として、迷惑メールに共通するルールは次のようなものです。

- 件名に銀行名が入っている
- 本文にメールアドレスへのリンクがある
- 本文に「懸賞」「当選」「おめでとうございます」などのメッセージが含まれている

このほかにも、迷惑メールにはさまざまな特徴があります。詐欺メールの場合、日々新しい手口が生まれるので、そのつど人がルールを追加していくのはとてもたいへんです。

その点、機械学習のシステムを利用したメール

迷惑メールをふり分けて処理する流れ

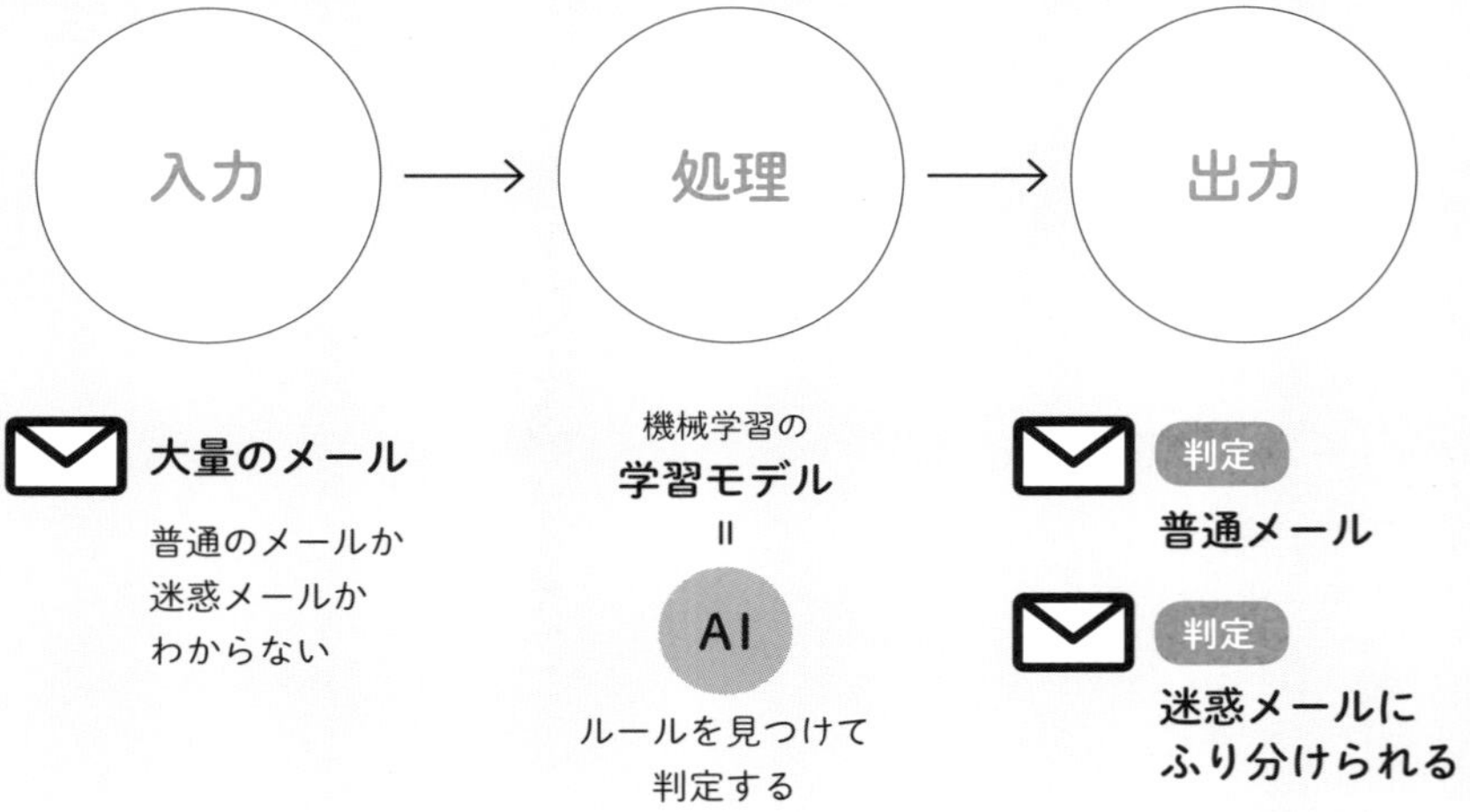

ソフトであれば、**ルールそのものを自動的に更新してくれる**ので、らくちんです。新しい迷惑メールのパターンが発見されれば、それに合わせて新たなルールを付け加えて処理をします。

適切なデータをたくさん与えれば与えるほど、AIはそのデータからルールを見つけ、より精度の高い答えを返してくれるようになります。この**どんどん賢くなっていく過程を「学習」**と呼ぶのです。この学習によって学習モデルができあがります。そしてそこにメールを判定するためのルールが含まれています。

学習プロセスは「入力↓学習モデル↓出力」

では、次に機械学習の学習モデルにデータを入力して、答えを出力するまでの流れを見てみましょう。

機械学習の学習法は大きく3つに分けられる！

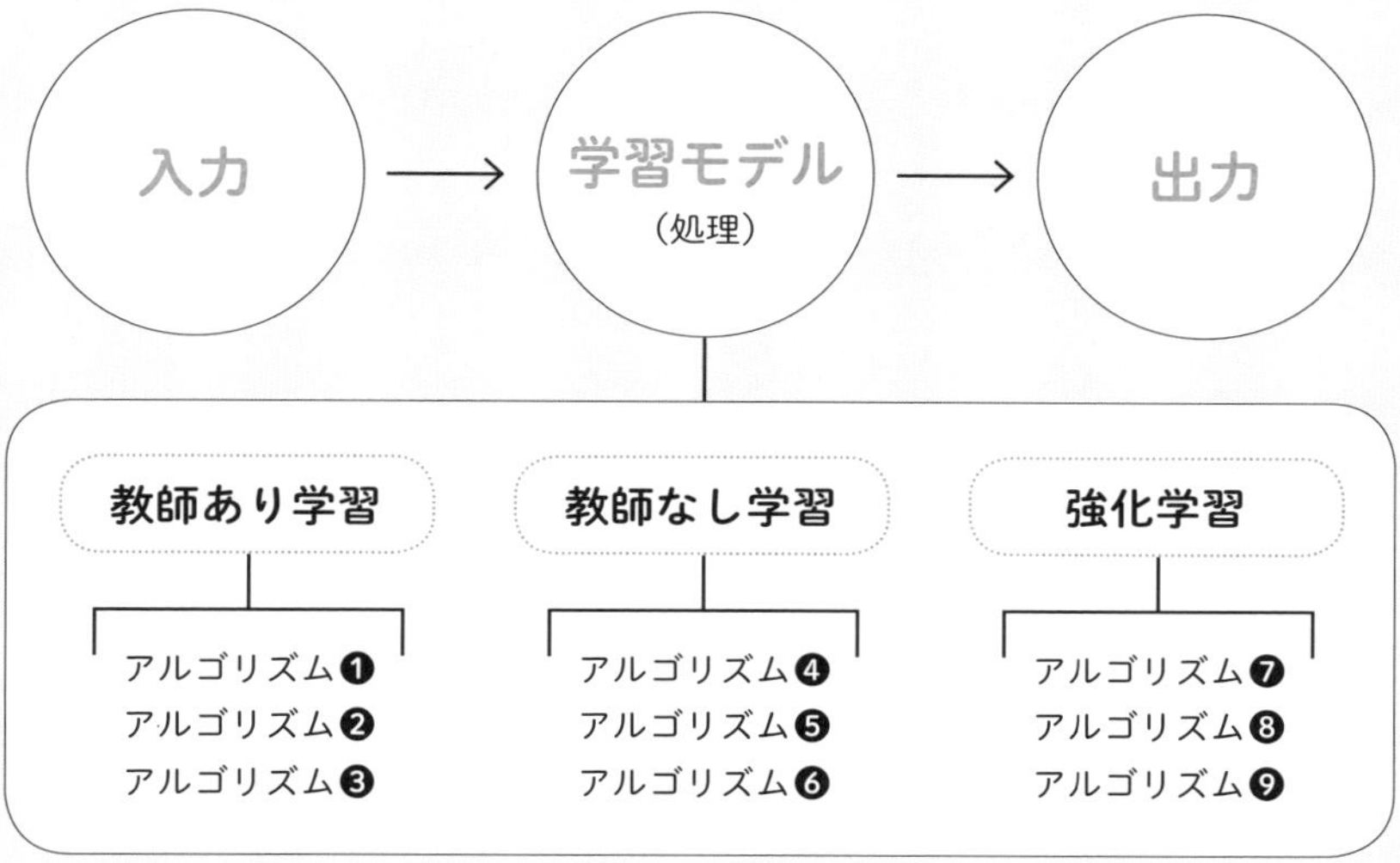

上の図を見てください。

機械学習のプロセスは、大まかに**「入力」「学習モデル」「出力」**の3つのパートに分けて考えることができます。これは、第1章で説明した「入力→処理→出力」に対応しています。

「入力」では、AIに判定させるためのデータを入力します。先ほどの例ではメールのデータ（普通メールか迷惑メールかがわからないデータ）が入力データになります。

そして、「出力」は、AIで分析した結果をデータとして出力することを指します。この場合は「普通メール」か「迷惑メール」の判定結果が出力されます。

この入力データと出力データの間にあるのが**「学習モデル」**です。

学習モデルは、「ある手法で学習を終えたプログラム」と考えてください。

教師あり学習、教師なし学習、強化学習が学習

モデルをつくるための具体的な学習法です（次の項でくわしく説明します）。

機械学習の学習法を料理にたとえるなら、「煮る」「焼く」「蒸す」などの調理法になります。そして、**「アルゴリズム」**とは、コンピュータが問題を解決する手順・手法のこと。これは料理のレシピのようなものです。

ハンバーグをつくるとき、料理人はレシピの手順に従って作業を進めますよね。

たとえば、以下のような手順です。

①玉ねぎをみじん切りにする
②ひき肉に①をまぜる
③②にパン粉、牛乳、卵を入れて塩コショウをふる
④③をこね、丸めて空気を抜く
⑤フライパンに油を入れ、④を焼く

かなり大まかなレシピですが、この手順で料理すれば、ハンバーグをつくったことがない人でも、ハンバーグのようなものができるはずです。

文系AI人材が覚える機械学習は３つだけ

機械学習における３つの学習法

さて、ここから、機械学習の３つの学習法について説明しておきます。

文系ＡＩ人材が基礎知識を身に付けることは大切ですが、プロジェクトの実践的な進め方を早く知りたい方は、機械学習３兄弟の解説の最後にある「まとめ」ページにざっと目を通してから、第３章に進んでいただいても大丈夫です。あなたの目的に合わせて、読み方を変えてください。

機械学習にはさまざまな学習法がありますが、文系ＡＩ人材は３つ覚えておくだけで十分です。

それぞれの特徴を紹介するために、機械学習の代表的な学習法を３人の兄弟にたとえて考えてみましょう。

（学習法で3つに分類！ 機械学習3兄弟とは？）

長男	次男	三男
教師あり学習	教師なし学習	強化学習

長男は**「教師あり学習」**です。生真面目な優等生タイプで、かなり高い確率でこちらが期待している答えを出してくれますが、残念ながら独創性はありません。現在の機械学習では、もっとも頻繁に使われている学習法です。

次男は**「教師なし学習」**です。気まぐれなマイペース型で、期待を裏切ることも多いのですが、ときどき予想もしなかった意外な答えを返してくれます。

そして、三男は**「強化学習」**です。手のかかる末っ子タイプで、育てる手間はかかりますが、ある程度育つと、自分でコツコツ学習して、大きな成果をあげてくれます。

機械学習3兄弟の長男・教師あり学習

ではここから、長男・教師あり学習について説明します。

教師あり学習の「教師」とは、正解となる答えが含まれたデータのことです。これを**「学習データ」**と呼びます。

一般的に、「教師あり学習」には、たくさんの学習データが必要です。「たくさん」は場合によるのですが、**少なく見積もっても1000個、できれば10000個以上**と考えてください。

適切な学習データの量が多ければ多いほど、AIの精度（正しい答えを導く確率）が上がることを期待できます。これは3兄弟に共通して言えることです。

そして、**この学習データを用意するのは文系AI人材の役割です。**

だれかに頼んでデータを用意してもらってもかまいませんが、「データ収集はAIプロジェクトのリーダーの責任」という意識を持ちましょう。

機械学習では人がルールを考えて与える必要はないことを説明しました。しかし、教師あり学習においては、「これが正解」というラベルを付けたデータを用意する必要があるのです。

たとえば、先ほど例にあげた迷惑メールを判定するAIなら、以下のような学習データをたくさん用意します。

学習データ1 ＝ 迷惑メールのサンプル
学習データ2 ＝ 普通メールのサンプル

この2種類の学習データを用意すれば、大量の迷惑メールと普通メールを比較して「隠されたルール」を自ら発見し、そのルールに従ってメールを判別してくれるようになります。

データは2種類だけとはかぎりません。たとえば、AIに魚のサケとサバとタラの画像を判別させたい場合は、次のように3種類の学習データを用意する必要があります。

学習データ1 ＝サケの写真のサンプル
学習データ2 ＝サバの写真のサンプル
学習データ3 ＝タラの写真のサンプル

たくさんのサンプルを入力すれば、教師あり学習の学習モデルは、ベルトコンベアを流れる魚の画像を入力することで、サケ、サバ、タラを的確に判別できるようになります。

ただし、選別できるのはその3種類のみです。ベルトコンベアにマグロやニシンやブリが流れて

（サケ・サバ・タラを画像で判別できるようになる！）

きても、サケ、サバ、タラのいずれかに選別してしまいます。そのほかの魚を認識させたい場合は、個別にその学習データを用意して学習させる必要があります。

長男は生真面目が取り柄ですが、頭が固いため、「教わってないことはできないよ」とすぐあきらめてしまうのです。

デジタル写真の位置情報も学習データとして利用できる

ここまで読んで、「学習データをいちいち用意するなんて面倒」と感じた人がいると思います。

確かに、AIプロジェクトにおいてデータ収集はとても大切な工程ですが、必ず苦労するというわけではありません。

それは、**あらかじめデータに正解が含まれているケースもある**からです。

たとえば、山岳写真には、撮影場所（位置情報）がデジタルデータとして記録されている場合があります。よほどの山好きでなければ、北アルプスと南アルプスの写真を見分けることはできませんが、撮影場所に関するデータが含まれていれば、人間がいちいち写真を見て、どんな山かを予測する必要はありません。

この位置情報付きの山岳写真に、どの山かを示す情報を付与すれば、それが学習データになります。そして、そのデータを「教師あり学習」に入力するだけで、ルールを見つけて選別してくれるようになります。

写真だけではなく、文書、音声、動画などに、関連情報（メタデータ）であるデジタルデータが含まれている場合は、それらをそのまま「教師あり学習」の学習データとして利用できるケースもあるのです。

（ はじめからメタデータが含まれている場合もある ）

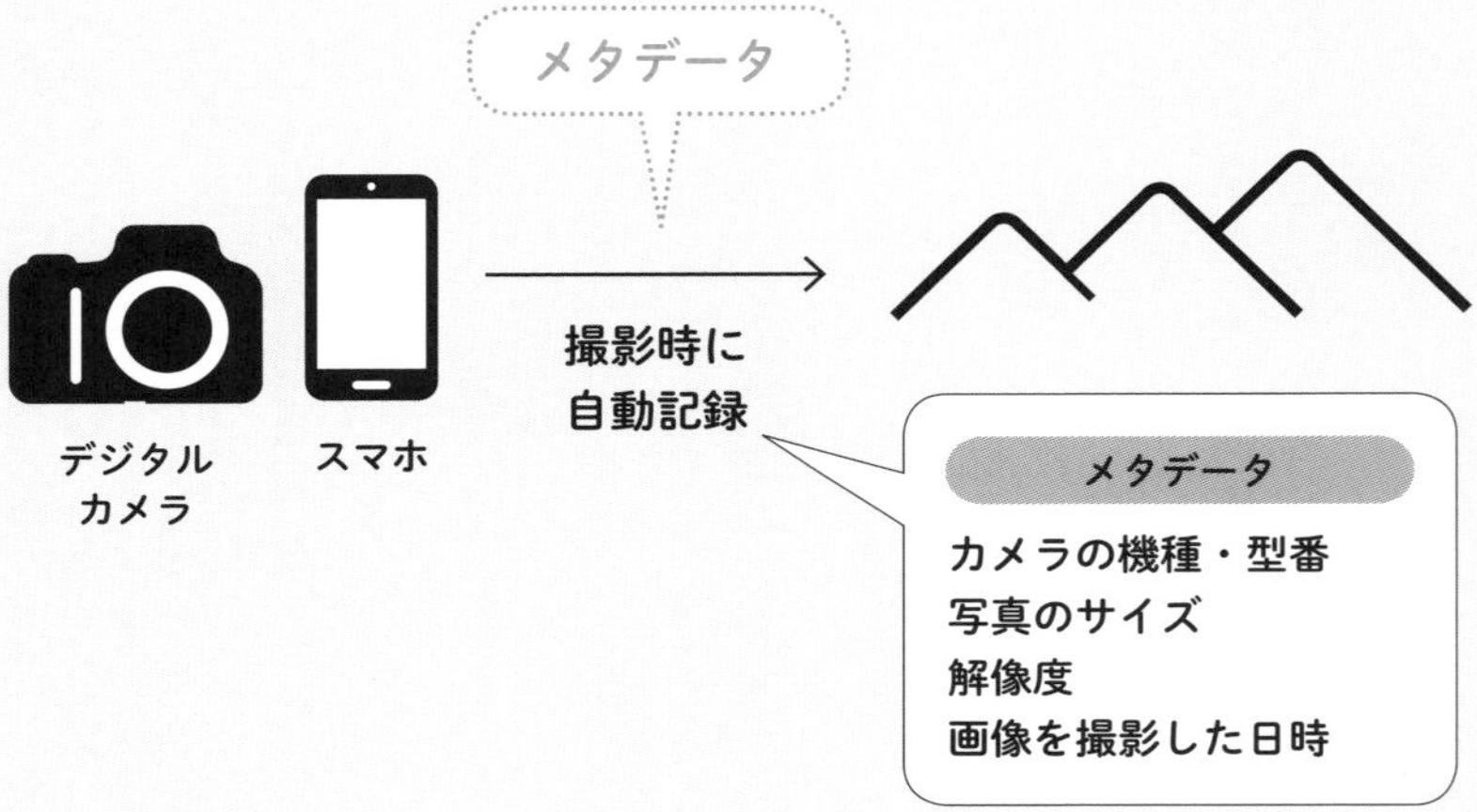

データに正解となるラベルを付けて学習させる

ここで、「教師あり学習」の学習データにラベル（答え）を付ける方法を説明しておきます。

たとえば、イヌの画像とネコの画像を見分けるために、「教師あり学習」を利用するとします。判定の精度は「95%」を目指します。この場合、はじめに用意するデータは次のようになります。

学習データ1 ＝ イヌの写真のサンプル
学習データ2 ＝ ネコの写真のサンプル

ここで、文系AI人材が奮闘して、イヌとネコの写真データをそれぞれ10000個ずつ用意しました。

でも、コンピュータはイヌの写真かネコの写真

写真データとイヌ・ネコの判定をIDで管理する

イヌ＝0、ネコ＝1とする

ID	判定
ID00001	0
ID00002	1
ID00003	1
ID00004	0
↓	↓

かを判断できません。コンピュータに判断してもらうためには、すべてのデータにラベル（答え）を付ける必要があります。

この場合、通常は写真データとは別のファイルを用意して、写真のID番号に数字でラベルを付けます。

たとえば、「0＝イヌの写真」「1＝ネコの写真」とするなら、次のようなデータになります。

- ID00001……0
- ID00002……1
- ID00003……1
- ID00004……0

このようにデータを整理すれば、コンピュータは写真のID番号に紐付けられたラベルを読み取って、その写真がイヌ（0）かネコ（1）かを判別できるようになります。

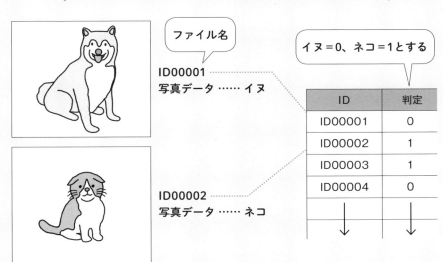

また、**データにラベルを付ける作業を「アノテーション」と呼びます。**

手動でアノテーションを行う場合は、イヌの写真データ1000個とネコの写真データ1000個で計2000個に対応するデータを入力することになります。そして、写真データとラベル付けをしたファイルをセットにすれば、学習データとして利用できるようになります。

このあと、学習データをコンピュータに入力すれば「イヌはマズル（鼻口部）が長い」「ネコの顔には長いひげが生えている」「ネコの顔のほうが丸い」など、写真データから判断できることをどんどん学習して、それをパターンとして認識します。

求められる精度はプロジェクトによって異なる

テストのためのデータを入力して精度を試したところ、70%の精度でイヌとネコを選別したと仮定します。データ10個につき「正解7、不正解3」の割合で判定されたというわけです。

はじめの目標値は95%なので、25%もの差があります。

ではここで問題です。

文系AI人材であるあなたは、ここでどんな判断をしますか？

次の3つのなかから選んでください。

①目標にしていた精度95%を80%に下げる
②学習データを変えて学習をやり直す
③教師あり学習の別のアルゴリズムを試す

①と答えた人は、あきらめが早すぎます。

イヌとネコの餌を間違えても大きな事故にはつ

ながらないため、最終的に精度を下げる選択肢はあると思いますが、一度の評価であきらめる必要はありません。

ちなみに、**目標とすべき出力の精度は用途によって変わります。**ゲームや玩具などエンタテインメント系で利用するなら、「まあまあの精度」でかまわない場合があります。一方、医療機器や精密機器の検品に利用するなら、１００％に近い精度が求められるでしょう。

どんな場合も、精度が高いほどよいのは当然ですが、精度とコストには相関関係があることも頭に入れておきましょう。**精度を高めようとすればするほど時間とお金（コスト）がかかるからです。**

ＡＩを使うことでコストに見合う結果が得られるかどうかを見極めるのも、文系ＡＩ人材の役割。ビジネスの現場では、つねに「費用対効果」の意識が求められます。

②と答えた人は、正解です。学習データに、テストで使用したデータを追加することで精度が上がる可能性があります。どの程度追加するか、または、すべて差し替えて学習をやり直すかは、ＡＩエンジニアに相談して決めましょう。

③と答えた人も、正解です。アルゴリズムを変えることで、精度が上がる場合があります。

ＡＩプロジェクトをマネジメントするなら、②と③を同時に検討して、「精度が上がる確率が高い」と思われる方法を選択してください。

分類のほかに未来を予測することも得意

じつは、これまで紹介した「教師あり学習」は、すべて「分類」を目的としていました。メールも魚もイヌ・ネコも、「分類する」という意味で目的は同じです。つまり、**「教師あり学習」は「分**

けること」が得意なのです。

でも、「教師あり学習」にはもうひとつ得意なことがあります。それは、**「連続する数値をもとに未来を予測すること」**です。

世の中には、「変化し続ける数値」があります。降雨量、株価、金相場、お店の売上などもそうですよね。この数値を学習データとして利用できれば、「教師あり学習」を使って、未来を予測できるようになります。

たとえば、リンゴの収穫量を予測するAIをつくると仮定します。学習データとして用意するのは、以下のようなデータです。

学習データ1 = 過去の気象データ
学習データ2 = 過去の生育データ
学習データ3 = 過去の出荷データ
学習データ4 = 過去の収穫量データ

「教師あり学習」は、この4つのデータを組み合わせて分析し、未来の収穫量を予測します。

答え合わせ（どの程度予測が正しいか）ができるのは収穫のあとになりますが、精度が高まれば、「今年の収穫量はどれくらいになるか」「いつごろ収穫すれば収穫量が最大になるか」も予測できるようになります。

「教師あり学習」は「分類と予測が得意」と覚えておきましょう。

まとめ

長男・教師あり学習は「学習データ」で力を発揮する

得意なタスク❶　分類　2つ以上の種類に分ける

得意なタスク❷　予測　連続した数値から未来を予測する

教師あり学習のポイント

- 教師あり学習は分類・予測が得意！
- 学習データ（これが正解と示すデータ）を用意する必要がある
- 質のよい学習データがたくさんあれば、AIの精度が上がる

次男・教師なし学習は隠された特徴をあぶりだす

機械学習3兄弟の次男は、気まぐれでマイペースな「教師なし学習」です。

「教師なし」と言うくらいなので、「教師＝正解データ」は使いません。次男・教師なし学習が使うのは、**正解のないデータ、または正解がわからないデータです。**

たとえば、目の前に整理されていない膨大な統計データがあると仮定します。

何千項目もあり、それぞれにたくさんの数値が並んでいます。これをひと目見て、「こういう特徴がある！」と看破できる人はいません。

そんなときに活躍するのが次男・教師なし学習です。

「教師なし学習」で学習したコンピュータは、膨大なデータのなかから隠された特徴を発見してくれるかもしれません（もちろん失敗する場合もあります）。

もう少し、具体的に説明してみましょう。

ここでは、アマチュアフォトグラファーAさんの写真を題材にして考えます。

Aさんは何十年も花の写真を撮り続けています。いつの間にか5000枚のデジタル写真がたまりました。これまで一度も整理したことがないため、花の種類も撮影場所もバラバラです。

この5000枚のデータを「教師なし学習」に入力すると、どうなるでしょうか。

答えのないデータをもとに学習モデルをつくるのです。そうやってできた学習モデルに、**「5つに分けるとしたらどうする？」と問いかけると、データを5つに分けて答えを何パターンか返してくれます。**ここで「教師なし学習」は、なんらかの基準にもとづいて花の写真を5つのグループに分けますが、「その基準が何か」は教えてくれません。5つのグループに分けられたデータを見て、人間が「この基準で分けたのではないか」と推測するのです。

たとえば、今回は花の色によって分けられていたようでした。

花の色による分類

赤／白／黄色／紫／オレンジ

もし、あなたが花の色ではなく、花びらの枚数で分けて欲しかったときは、条件を変えて、再度「5つに分けて」とお願いしてみてください。

条件を変えることで、花びらの枚数や花びらの形など、ほかの基準で分けてくれます。

花びらの枚数による分類

3枚の花／5枚の花／8枚の花／13枚の花／21枚の花

花の形による分類

丸い花びら／剣先のような花びら／波状の花びら／切れ目のある花びら／楕円

このように、**データをいくつかのグループに分けることを「クラスタリング」と呼びます。**

「教師なし学習」によるクラスタリングの結果は、学習モデルに何を要求するかによって変化します。

自分たちが望んだ結果が得られない場合は、要求する内容を変えて調整する必要があります。どのようにして調整するかは、AIエンジニアに相談して決めましょう。ここでは、「教師なし学習」がクラスタリングが必要なときに役立つことだけを覚えておいてください。

（ 5000点の花の写真を5つに分ける基準は？ ）

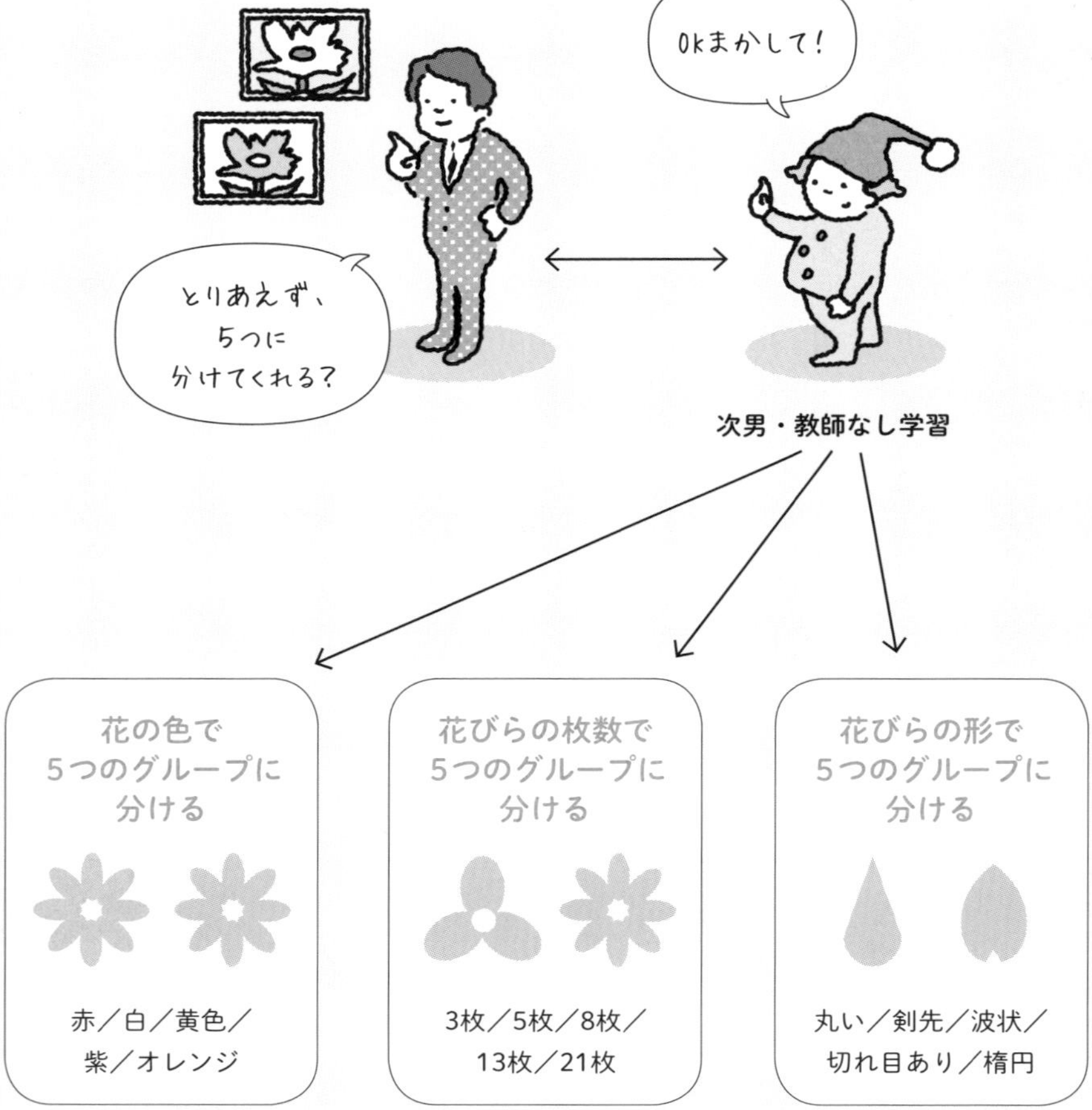

次男・教師なし学習のクラスタリングとは？

- 「教師なし学習」は、学習データを用意する必要がない
- 「教師なし学習」は、どんな結果が出るかはわからない
- 何を基準にグループにしたかは、人間が予測するしかない

次男・教師なし学習は要約も得意！

「教師なし学習」は、**データから重要な部分だけを抜き出して要約することも得意です。**

ここに、東京都在住の中学2年生を対象にした「共通学力テストの結果」が手元にあると仮定します。この学力テストは主要5教科を対象に実施されました。

東京都の中学2年生の数を約10万人と仮定します。そして、教科ごとに10万、計50万の得点に関するデータを取得しました。

教科ごとに平均点を出すのは簡単です。すべての得点を足して人数で割るだけです。（少し面倒な計算になりますが）それぞれの偏差値も計算できます。

平均点や偏差値を見れば「Aさんは理科が得意だけれど国語が苦手」「Bさんは国語と英語が得意」などと指摘することはできます。

ところが「東京都の中学2年生の全体的な傾向を説明して」と要求されると、平均点や偏差値だけでは答えられません。

教科が5つもあるため、ざっと見ただけでは「全体的にこんな特徴がある」と言えないからです。一般的に、**「人が直感的に理解できる情報は3つまで」**と言われています。

そんなときに活躍するのが、次男・教師なし学習です。

10万人ぶんの5教科の得点をコンピュータにデータとして入力して学習モデルをつくり、どんな傾向があるかを調べてもらうのです。

この調べ方にはさまざまな方法があり、詳細は割愛しますが、もっともよく使われるのは、データがもっともバラつくようにグラフの縦軸と横軸を設定する方法（主成分分析）です。

この方法を使えば、データ全体の特徴をはっきりさせるために、あまり全体に影響のないデータを自動的にはぶいてくれます。

つまり、**膨大なデータをわかりやすく要約してくれる**のです。

次ページのグラフを見てください。

コンピュータが分析した点数の分布図を示しています。(結果的に)縦軸は国語と社会の合計得点、横軸は算数と理科の合計得点になりました。

縦軸は国語と社会の合計得点なので「文系科目の得点」、横軸は算数と理科の合計得点なので「理系科目の得点」と言い換えることができます。この場合、英語の点数はどちらにも反映されていません。

5項目(5教科)のデータを2項目(文系科目・理系科目)に整理し直すことで、データ全体の傾向が見えるようになりました。分布図を見るだけで、次のように分析できるようになります。

- 東京都の中学2年生は、理系科目の得点が高いところに大きなグループがある
- 文系科目が得意な学生に比べると、理系科目が得意な学生は理系以外の科目もよくできる傾向がある

このように、「教師なし学習」でデータの項目の数を減らして要約することで、**データに隠された特徴を読み取れるようになりました。**

見えなかったものが見えるようになる。つまりは「見える化」です。

ただし、この場合も、次男が「縦軸は文系、横軸は理系だよ」と教えてくれるわけではありません。分析の結果を見て、あとから推測するという意味では、クラスタリングと同じです。

ちなみに「教師なし学習」では、このよう

「次元削減」の目的はデータをわかりやすくまとめること

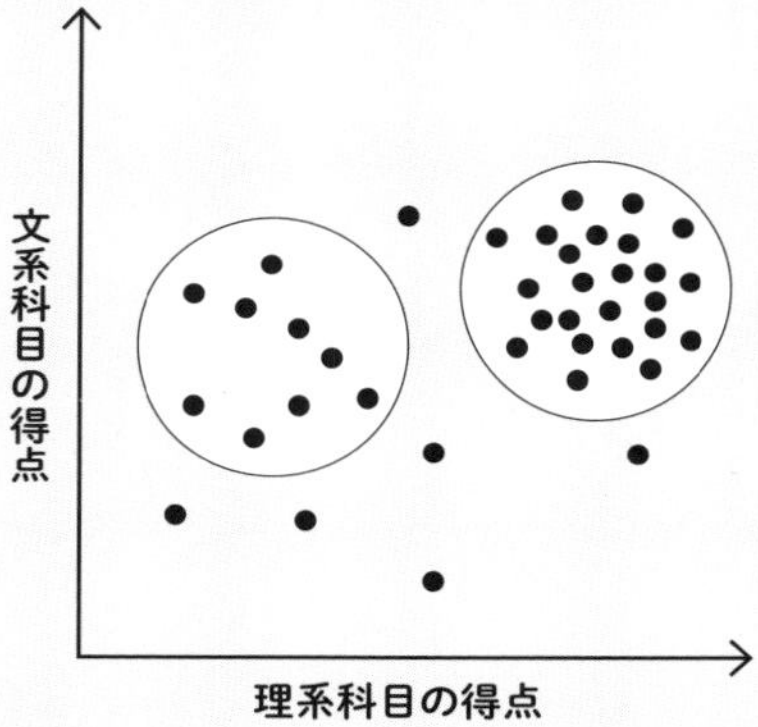

に要素を減らして要約するタスクを**「次元削減」**と呼んでいます。

実際に、学習モデルの仕組みやアルゴリズムの内容まで理解する必要はありませんが、**「教師なし学習」はクラスタリングと次元削減が得意なこと**を覚えておいてください。

まとめ

次男・教師なし学習はクラスタリングと要約が得意！

得意なタスク❶

グループ化　特徴を見つけていくつかのグループに分ける

得意なタスク❷

次元削減　大量のデータを要約してまとめる

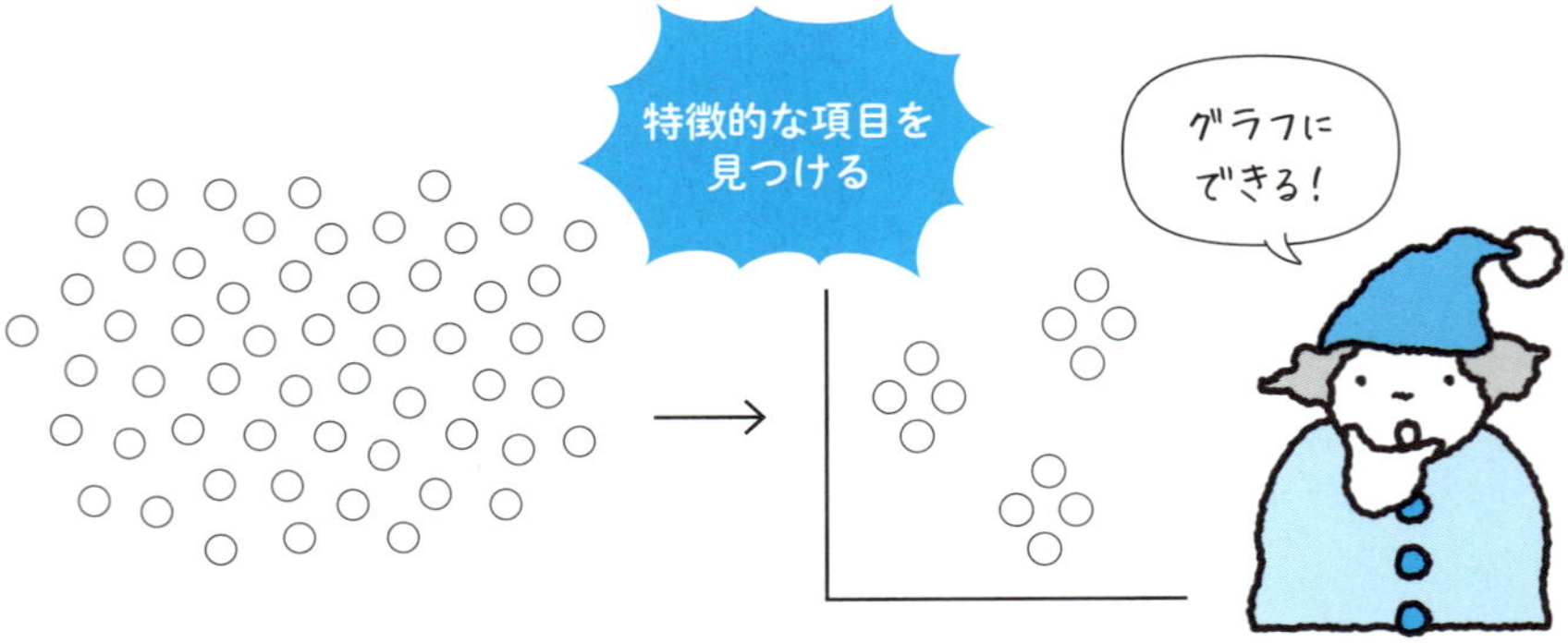

教師なし学習のポイント

- 「教師なし学習」はクラスタリングと次元削減が得意！
- 正解がわからないデータを入力しても結果を出してくれる
- 「なぜそうなったか」を推測する必要がある（わからないときもある）

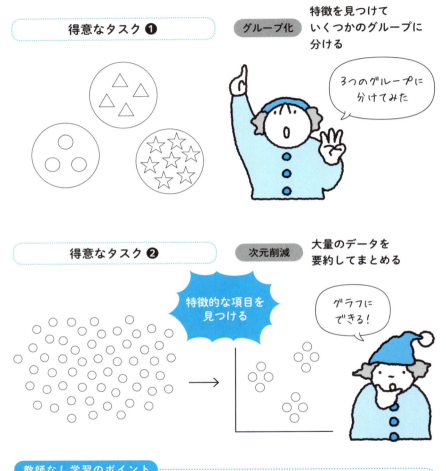

三男・強化学習は自分でどんどん賢くなる

機械学習3兄弟の三男・強化学習は、手がかかる甘えん坊タイプです。生真面目な長男やマイペースな次男とはちょっとタイプが違います。ある程度育つまでは、**ほめてやる気を出してもらう必要がある**からです。

三男・強化学習の育成はイヌのしつけによく似ています。

現在のしつけの主流は「ほめるしつけ」です。愛犬家の間ではすでに常識で、イヌが望ましい行動をとったときに、声を出してほめたりおやつをあげたりしながらしつけます。

たとえば、こんなやり方です。

イヌが散歩中に交差点の手前でストップして、自発的にオスワリをしました。これは危険を回避するために望ましい行動なので、飼い主はすかさず「グッド！」と声に出してほめます。

大好きな飼い主のほめ言葉はイヌにとって報酬になります。イヌは、「またほめてもらいたい」と考え、同じ行動をくり返すようになります。

動物行動学では、このように報酬のために学習して行動が強化されることを「**陽性強化**」と呼びます。

「強化学習」の場合も同じです。「ある状態で次にどう行動すればよいか」を、**そのときどきの状態、行動、報酬によって学びます。**

先ほどのイヌの場合で言えば、「状態」とは交差点の手前まで進んだ状況のこと。「行動」とはオスワリの姿勢で待つこと。そして、「報酬」とは飼い主のほめ言葉でした。

では、AIの「強化学習」の場合、どうなるのでしょうか。

三男・強化学習は報酬を与えることでどんどん賢くなる

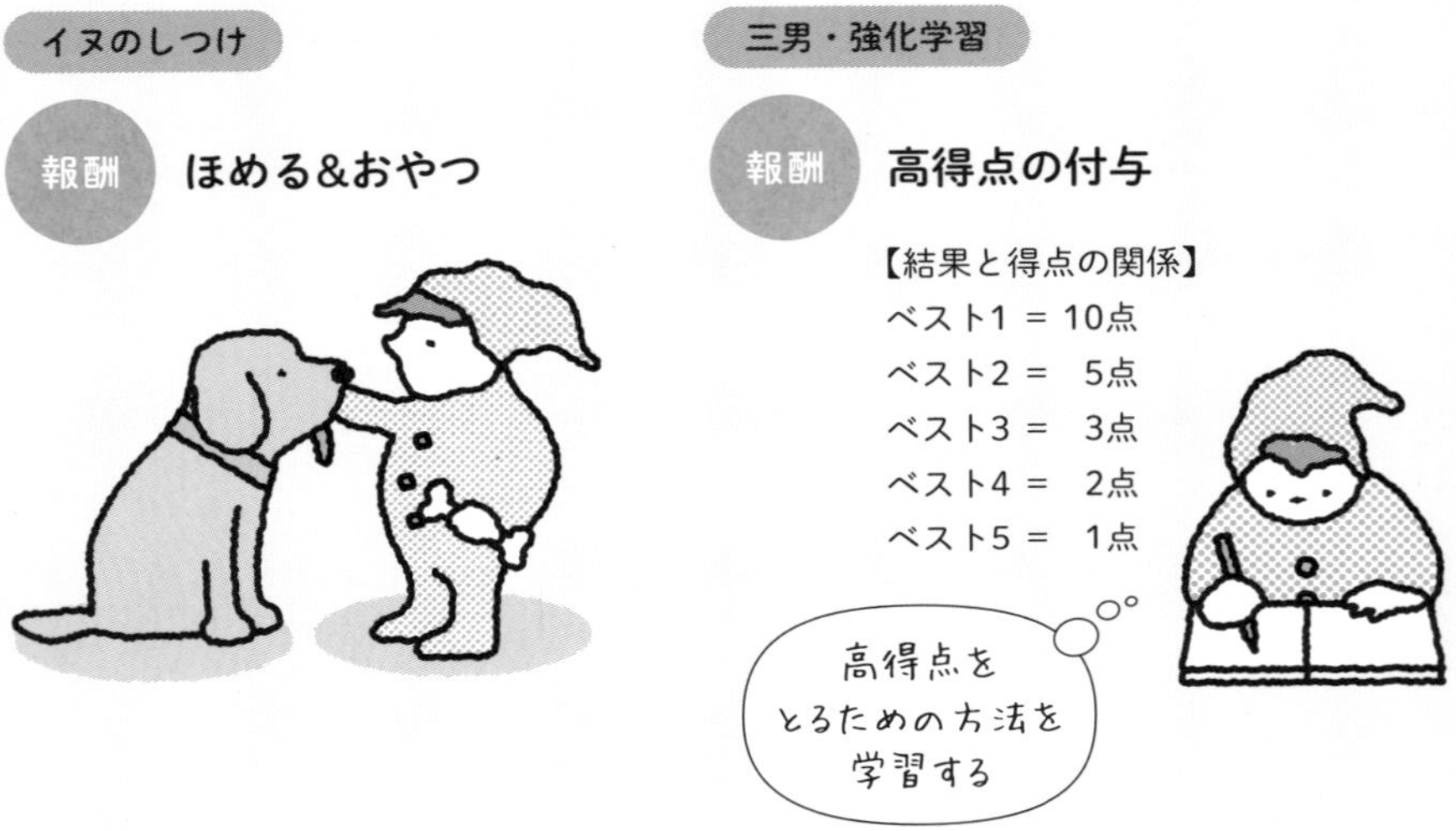

強化学習の機能は人間の知能に近い？

オセロをプレイするAIを例にして考えてみましょう。

オセロの場合、マス目における石の位置が「状態」となります。「行動」は次の一手で石をどこに置くのか、そして「報酬」は相手の石が裏返る枚数になります。AIが黒の石を動かすプレイヤーだとすれば、相手の石が黒に裏返った枚数が「報酬」となります。

たとえば、次のような場合、「強化学習」は、どの手を選択するでしょうか。

- 次の一手❶ ＝黒の石が1枚増加
- 次の一手❷ ＝黒の石が3枚増加
- 次の一手❸ ＝黒の石が5枚増加

単純に考えれば、５枚増える次の一手③がベストです。次の一手だけに限定して考えれば、もっとも報酬が高いからです。

ただしオセロは、最終的にどちらの色の石が多いかを争うゲームです。次の一手では１枚しか増えなくても、その次の一手で10枚以上裏返せるかもしれません。

ですから、①②③のどれがベストかは、この段階では断定できないのです。

「強化学習」は、はじめ、石がもっとも増える手を選んでゲームを進めます。それを何回かくり返しているうちに、**少しずつ学習して、先の展開を読みつつ最善の手を選択できるようになる**のです。

オセロ、囲碁、将棋などのゲームをプレイする場合、対戦相手の行動によって局面が変化するため、次の一手の数（場合の数）は膨大な量になります。以前はコンピュータがこの場合の数を処理できなかったため、プロ級の腕前を持つ人間に勝つことはできませんでした。

ところが、コンピュータの処理能力が上がり、「ディープラーニング」などの最先端技術と組み合わせることで、人間の能力を上回ることができるようになりました。

ＡＩの進化により、将棋中継も変わりました。以前は、別室にいる解説者が「これは悪手かもしれませんね」などと、のんびり解説していましたが、現在はＡＩの分析によって一手ごとに優劣（勝利する確率）が判定されます。

「先手70％、後手30％」という具合です。

また、有力な次の一手も「６四角41％」「４八歩25％」「４七桂14％」と数値化されて表示されるので、ほぼ丸裸の状態。藤井聡太さんが「天才」と評されるのは、昇段のスピードもそうですが、ときどきＡＩの予測を裏切るような妙手を打つからなのです。

強化学習で将棋中継の実況が変わった！

「強化学習」は、コンピュータが自分で試行錯誤しながら学ぶという点で、「教師あり学習」や「教師なし学習」よりも**人間の知能に近い機能を持つ**とされています。

現在は、将棋・囲碁、自動運転、ロボットの制御などに使われていますが、近い将来、活用の幅が大きく広がることが予測されています。これからどんどん可能性が広がる、将来性のある学習法です。

まとめ

三男・強化学習は報酬を与えることで成長する！

手法　もっともよい結果を得るために先回りして考える

得意なタスク

行動パターンを学習

ここを裏返さない
ほうが結果的に
勝利に近づける

3手先まで読むと……結果は?

1手目	相手（最善手）	2手目	相手（最善手）	3手目	結果
●●●	○○○○	●●	○○○○	●	●＝6枚 ○＝8枚
●●●●	○○○○	●	○○○○○○	●●	●＝7枚 ○＝10枚
●	○○	●●	○	●●●●●	●＝8枚 ○＝3枚　最前手
●●	○○	●●	○○○	●	●＝5枚 ○＝5枚

裏返した枚数：●（黒の石）＝強化学習による予測
○（白の石）＝相手の最善手

強化学習のポイント

- 報酬を求めてくり返し学習することで精度がアップする
- ゲームなど、ルールが変化しない環境で実力を発揮する

AI活用のカギを握るディープラーニング

ディープラーニングは機械学習3兄弟の妹

最後に、機械学習3兄弟の妹を紹介します。**ディープラーニング（深層学習）**です。

長男・教師あり学習、次男・教師なし学習、三男・強化学習の場合、入力するデータを人間が管理する必要がありました。

学習を行うときに、あらかじめデータの特徴量（着目すべき特徴）を用意するので、ある程度、結果も予測できました。

ところが、この妹・ディープラーニングは異次元の能力を持った天才です。

学習時に特徴量を用意しなくても、複雑なデータを分析し、天才的なひらめきによって課題を解決してしまうことがあります（もちろん失敗もあります）。

ディープラーニングの構造

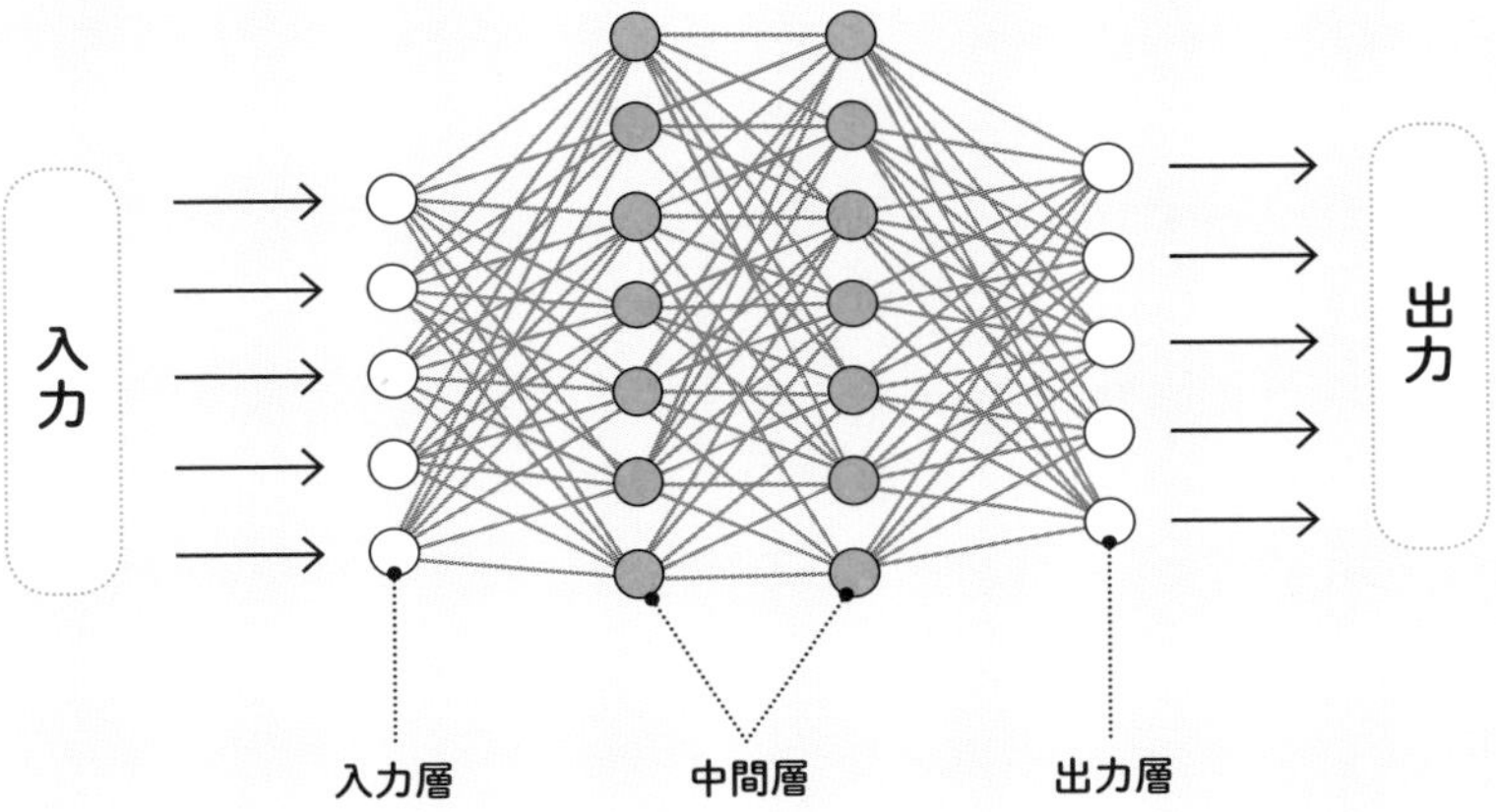

そのひらめきは独創的なので、人間がその結果を見返しても、理由がわからない場合があります。文系AI人材はもちろん、AIエンジニアが見ても、答えを導くまでの道筋がわからないことがあるのです。

ディープラーニングの登場でAIの可能性は大きく広がりました。では、ディープラーニングはどこが独創的なのでしょうか？

それは、学習の仕組みそのものです。

前述の通り、機械学習3兄弟の基本的な構造は、「入力→学習モデル→出力」でした。

ディープラーニングも基本的な構造は同じですが、学習モデルのなかの構造がもう少し複雑です。入力と出力の間に**「入力層→中間層（2つ以上）→出力層」**という3つの層が入ります。

大量のデータを入力すると、入力層、中間層、出力層を経由して出力されます。クモの巣のように張りめぐらされた、このたくさんの線や丸の部分は**「ニューラルネットワーク」**と呼ばれています。人間の神経細胞である**「ニューロン」**のつながりを模倣してつくられたため、こう呼ばれます。

先ほどの図では中間層は2層ですが、実際のディープラーニングの中間層はもっとたくさんあり、もっと複雑だと考えたほうがいいでしょう。**この「中間層」がたくさんあるほど、複雑な情報を高い精度で出力できるようになります。**

一般的に、機械学習3兄弟に比べると、その精度は、「驚くほど高い」と言えます。

妹の天才たるゆえんです。

「それなら、すべて妹・ディープラーニングにまかせればいいのでは？」と考える人もいるでしょう。でも、それでは3兄弟の立場がありません。ディープラーニングにもデメリットはあるのです。

たとえば、以下のような点です。

- 高い処理能力を持つコンピュータが必要なので、コストが必要となる
- 3兄弟よりもたくさんのデータが必要なので、データ準備のコストが高くなる
- 3兄弟よりも学習に時間がかかることが多い

3兄弟と妹を単純に比較しても意味はありませんが、「機械学習」という大きなグループのなかにある特別な存在であることを覚えておきましょう。

また、ひとつのAIに対して3兄弟が併用されることはありませんが、ディープラーニングとの併用は可能です。実際のプロジェクトでディープラーニングを用いる場合は、「教師あり学習×ディープラーニング」「教師なし学習×ディープラーニング」「強化学習×ディープラーニング」といった組み合わせが成立します。**3兄弟とは別の次元でディープラーニングが存在すること**を理解

してきましょう。

機械学習とディープラーニングの関係図

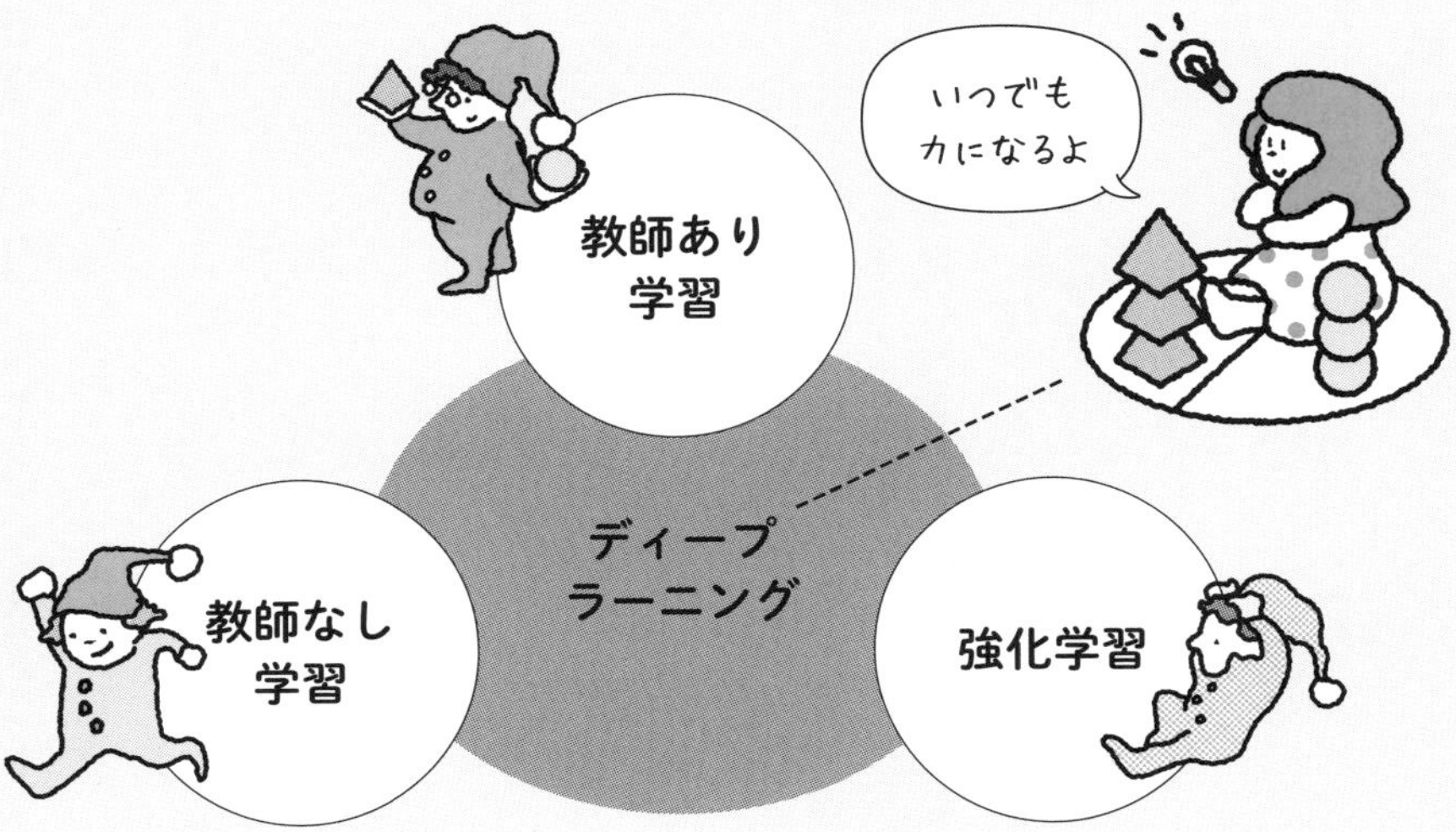

ディープラーニングの代表的なアルゴリズム

妹・ディープラーニングにも、よく利用されるアルゴリズムがいくつかあります。

文系AI人材が、アルゴリズムの構造を理解する必要はありませんが、「どんなときに使われるか」を知っておくことには意義があります。

急いで勉強する必要はありませんが、あなたの知らないアルゴリズムに、アイデアを広げるヒントが隠されているかもしれないので、専門書などにチャレンジして、知識を増やしてみるのもいいでしょう。

以下の４つは代表的なディープラーニングのアルゴリズムです。

●CNN（畳み込みニューラルネットワーク）
●RNN（再帰型ニューラルネットワーク）
●オートエンコーダ（自己符号化器）
●GAN（敵対的生成ネットワーク）

ディープラーニングは機械学習の可能性を広げた画期的な技術です。そして、ディープラーニングにまつわる技術は爆発的な勢いで日々進化しています。

近い将来、人間が持つ「五感」を認識することができるようになるかもしれません。

たとえば、「視覚」の分野では、食材の画像から鮮度を認識して、食中毒を予防することができるようになるかもしれません。「聴覚」の分野では、ボーカリストの声質などを認識して、好みのアーティストをレコメンドすることもできるようになるでしょう。

現在のディープラーニングはビッグデータをあつかうことで威力を発揮することが多く、必然的に高いスペックのコンピュータが必要になります。結果的に開発コストは高くなりますが、近い将来、もっと気軽にディープラーニングを利用することができる時代になるはずです。

今のAIが苦手な4つのこと

万能ではない！AIがまだまだ苦手なこと

AIは必ずしも万能ではなく、現状では、まだ苦手とすることがたくさんあります。**苦手なことを無理にさせようとすると、時間やコストがかかり、満足できる成果が得られません。**

AIが苦手なことを整理して、次のように４つにまとめてみました。

- 苦手① 少ないデータで推理する
- 苦手② 「合理的ではない判断」を下す
- 苦手③ 文脈から意味を読み取る
- 苦手④ 臨機応変に対応する

それでは、順番に解説します。

苦手①

少ないデータで推理する

AIはたくさんのデータをもとに学習します。機械学習の学習法によって必要なデータの数は異なりますが、**最低でも1000個のデータがなければ学習することができない**と考えましょう。

たとえば、ネコを見たことがない子どもにネコを教えるとき、ネコの写真が5枚ほどあれば事足りるはずです。写真を見て特徴を読み取り、自然にイヌやブタやウシと「ネコ」を見分けられるようになります。

一方、AIの場合、写真5枚ではどうすることもできません。一般的に、（適正なデータであれば）データ量がたくさんあればあるほど、AIの精度は上がります。逆に、量が少なければ、満足できる結果を得ることが難しくなります。

苦手②

「合理的ではない判断」を下す

AIは「合理的な判断」を下すことが得意です。その日の天候や体調に左右されず、つねにもっとも合理的で効率のよい方法を選択できます。

逆に言えば、**合理的ではない判断を下すことがとても苦手です。**あらかじめ「こういう場合は合理的ではなくても○○を選択する」と例外のルールを教えないかぎり、合理的ではない判断を下すことはありません。

心理学でよく使われるたとえに「ビュリダンのロバ」という有名なお話があります。

こんな話です。

ある日、おなかを空かせたロバが、2つに分かれた道の真ん中に立っていました。それぞれの道

合理的に考えるから、どちらも選べない

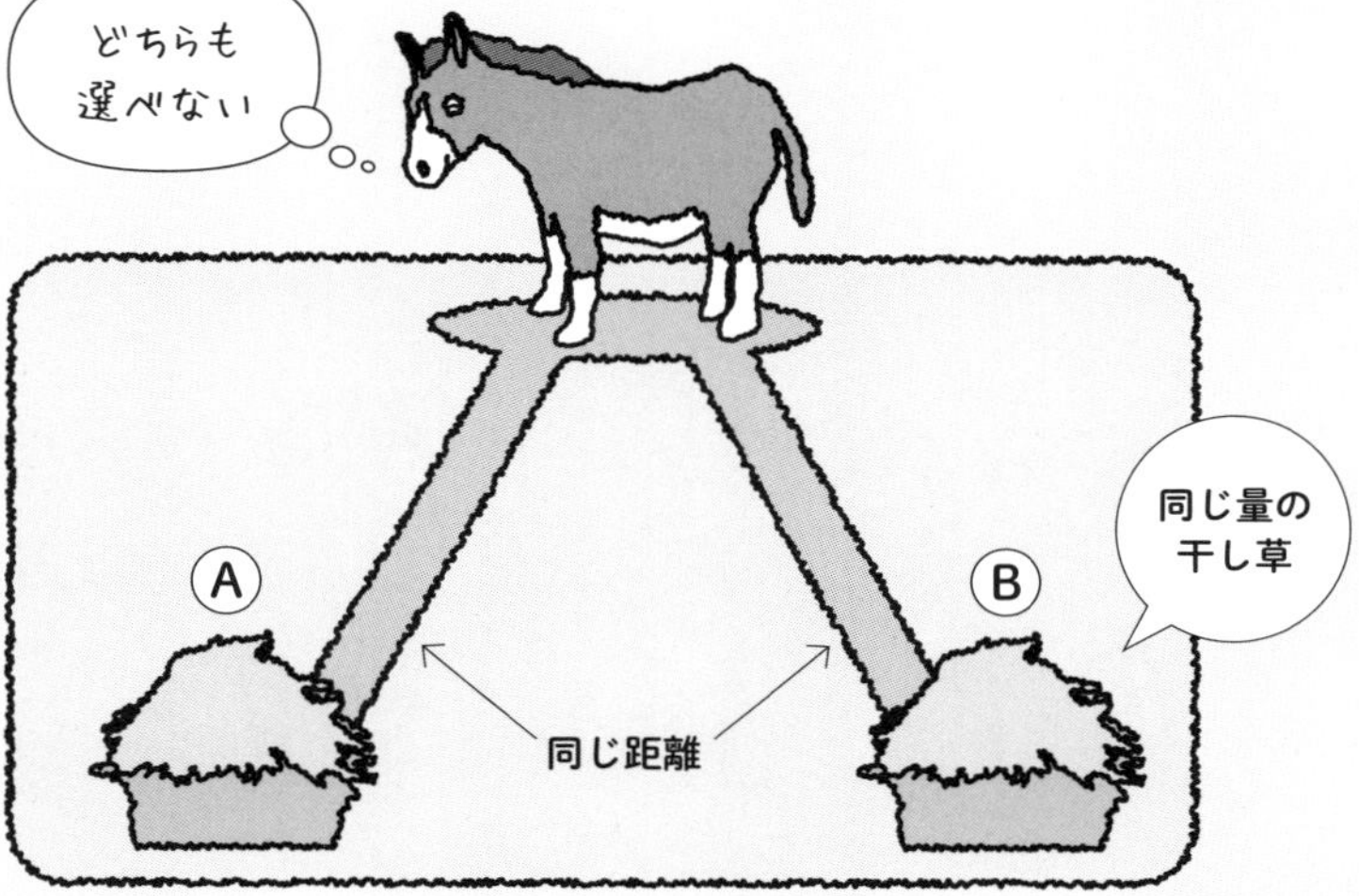

の先には、まったく同じ量の干し草Ⓐ Ⓑが置いてあります。

ロバから干し草までの距離は完全に同じです。つまり、左の道を選んでも右の道を選んでも、結果は同じ。このとき、賢く合理的なロバは、どちらの干し草も選べずに餓死してしまいます。

これは、意思決定を論じるときに引き合いに出されるたとえ話ですが、AIもこのロバと同じように、合理的な判断が難しい状態になると、「判断不能」という状態におちいってしまいます。

苦手❸ 文脈から意味を読み取る

AIは文脈から意味を読み取るようなことも苦手です。

たとえば、公園のベンチで女の子２人がひそひ

文字だけでは感情が読めない

前後の文脈によって意味が大きく変わる

そ話をしている場面を思い浮かべてください。10分ほど話をしたあと、女の子がもうひとりの女の子に向かって、こう言いました。

「もう、いいよ」

さて、このとき、彼女は、どんな感情で「もう、いいよ」と言ったのでしょうか。

「もう十分だから」とやさしく告げたのでしょうか。それとも、イライラして「しつこいから、もういい」と拒絶したのでしょうか。もしかしたら、ふたりの秘密を「ほかの人に話してもいい」と伝えたのかもしれません。

人間であれば、それ以前に展開された会話の内容を知るだけで、どんな「いいよ」なのかを適切に判断できます。

でもAIの場合、文脈から意味を読み取るのは苦手。直前の会話の内容をインプットしても、「もう、いいよ」にどんな意味が含まれているかを推理することは難しいのです。

苦手❹

臨機応変に対応する

人間なら、相手の表情を見たり、声の調子を読んだり、場の空気を読んだりしながら、対応を変えることができますが、**AIに臨機応変な対応を教えるのはたいへんです。**

すべての可能性を想定して、その状況にもっともふさわしい対応を具体的にすべて教える必要があるからです。

アメリカの哲学者ダニエル・デネット氏は、「AIがこれからやることに関係のある事柄だけを選び出すのが非常に難しいこと」を次のような例をあげて説明しました。

「フレーム問題」[*1]と呼ばれる難題です。

ある洞くつの部屋のなかにロボットを動かすバッテリーがあり、その上に時限爆弾が仕掛けられています。このままでは爆弾が爆発して貴重なバッテリーが破壊されてしまいます。

そこで、科学者は、AIを搭載したロボット1号に、**「洞くつのなかにある部屋からバッテリーを運び出す」**ことを命令しました。ロボット1号は、ぶじにバッテリーを運び出すことができましたが、バッテリーを運ぶと爆弾もいっしょに運んでしまうことに気づかなかったため、洞くつから出た直後に爆弾が爆発してしまいます。

失敗したのは、ロボット1号が「バッテリーを運ぶことで副次的に発生すること（この場合は爆弾も運んでしまうこと）」を予測できなかったためでした。

次に科学者は、ある行動に対して「副次的に発生することをすべて予測する能力」があるロボット2号を開発して、洞くつの部屋に送り込みました。ところが、このロボット2号はバッテリーの

*1：Daniel Dennett「COGNITIVE WHEELS: THE FRAME PROBLEM OF AI」
https://folk.idi.ntnu.no/gamback/teaching/TDT4138/dennett84.pdf

フレーム問題＝AIロボットがバッテリーを運び出す

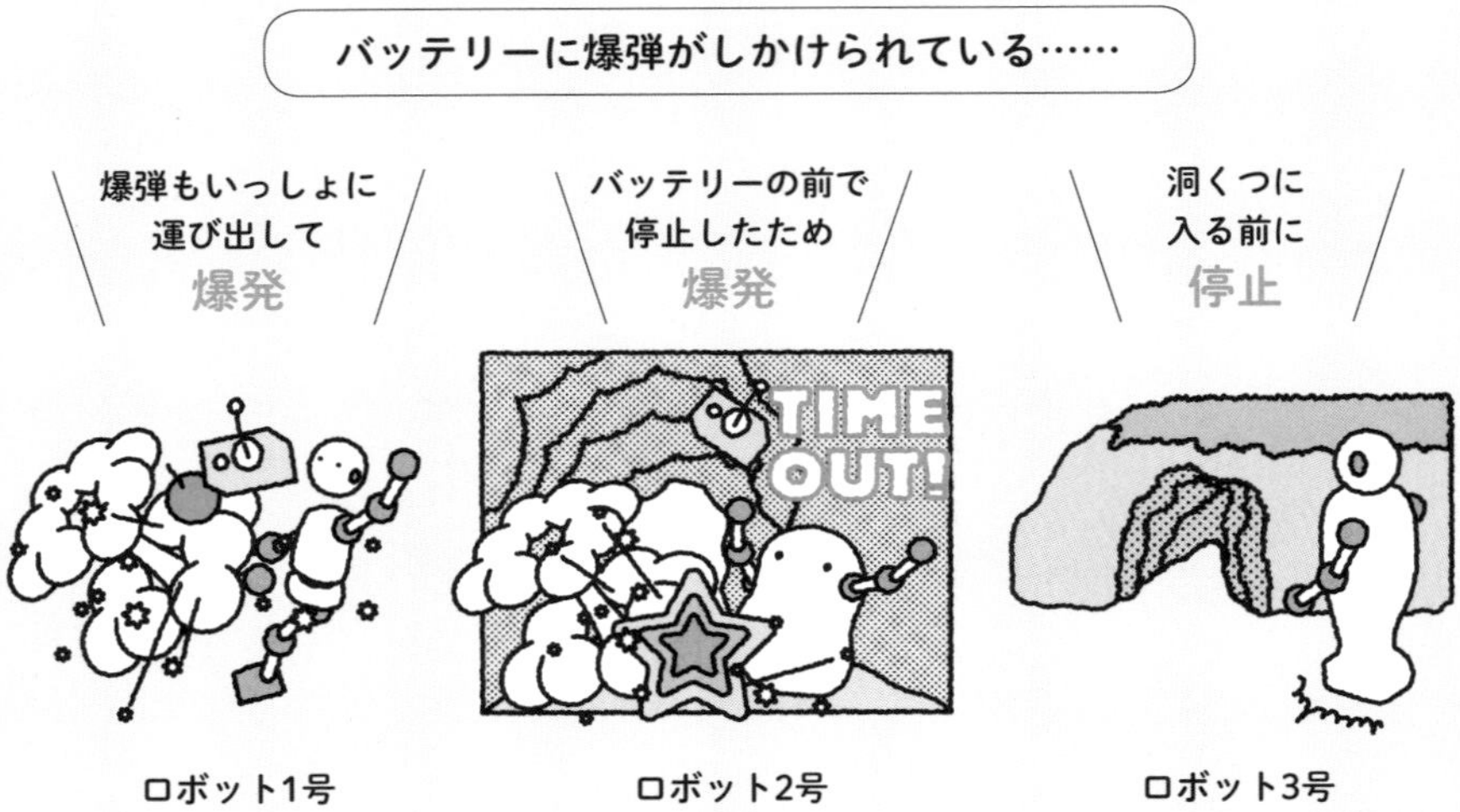

バッテリーに爆弾がしかけられている……
爆弾もいっしょに運び出して
爆発
バッテリーの前で停止したため
爆発
洞くつに入る前に
停止
TIME OUT!
ロボット1号
ロボット2号
ロボット3号

前で停止したまま動かなくなり、時限爆弾が爆発します。

これは、バッテリーを動かすことで「天井が落ちないか」「部屋の電源が切れないか」「壁の色が変わらないか」など、副次的に発生することを無限に考え続けてしまったからです。

そこで、科学者は、目的と無関係な事項を考慮しないように改良したロボット3号を開発しました。しかし、ロボット3号は洞くつに入る前に動かなくなってしまいました。

目的と無関係な事項をすべて洗い出そうとして、無限に思考し続けてしまったからです。

つまり、**関係のあることを推測しても、関係のないことを推測しても、ロボットは無限ループに入ってしまう可能性がある**のです。人間なら、関係のあることと関係のないことを一瞬で判断できます。

ディープラーニングにより、人間の神経のネットワークに似たような処理ができるようになりましたが、残念ながら、この「フレーム問題」はまだ解決されていません。

さて、ここまでの説明でAIが苦手なことをなんとなくイメージできるようになったでしょうか。

AIプロジェクトでは、**AIが苦手なことをうまく回避する必要があります。**経験を積み、知識を増やすことで、「これは、厳しいかな」とある程度予測できるようになるはずです。

AIプロジェクトの企画を立てるときは、このような「AIが苦手なこと」を考慮するようにしてください。

第3章

［企画力］仮説と現場の声をカタチにする

どこにAIを使うのか

効率化、それとも新コンテンツ？

AIプロジェクトのゴールは2つある

ここまで「AIとはどんなものか」を考えてきました。3章以降は、実際にAIプロジェクトを立ち上げ、進めていく方法を紹介します。そして、文系AI人材が**「企画力」**を身に付けることを目指します。

ここで求められる**「企画力」とは、アイデアを仮説に結び付ける力です。**自社のビジネスモデルを熟知した文系AI人材なら、**「どの部分にAIを導入すればいいか」**をある程度はイメージできるはずです。そのもやもやしたイメージを具体的なアイデアに変え、最終的に仮説を立てることを目指します。

まず、AIプロジェクトのゴールについて確認しておきましょう。

第１章で紹介したように、ＡＩプロジェクトのゴールは２つあります。**「効率化（業務の改善）」または「新コンテンツ（利益の追求）」です。**

１つ目のゴール「効率化」は、あなたの会社の現在の業務を改善して効率をよくすることです。

たとえば、以下のような業務においてＡＩの導入を検討できます。

- **社内の書類による申請作業を自動化する**
- **財務データによる経営分析を自動化する**
- **目視による検査作業をＡＩが代わりに行う**

ＡＩを中心にしたシステムの導入で、今よりも短い時間で定型業務を処理できるようになれば、そのぶん、あなたやあなたのまわりの人の仕事がぐっとラクになります。

２つ目のゴール「新コンテンツ」は、「イノベーション」と言い換えることもできます。

たとえば、次のようなコンテンツです。

- **カゴを置くだけで商品の数と種類を読み取り、決済できるシステム**
- **ＡＩで害虫を発見して部分的に農薬を散布するドローン**
- **養殖場にいる魚の食欲を分析する餌やり装置**

ＡＩプロジェクトが成功することで、今まで実現できなかった新しい商品・サービスが生まれ、新たな収益がプラスされるでしょう。

あなたの職種・業態がなんであれ、ＡＩプロジェクトは、このどちらかのゴールを目指します。

ＡＩは「手段」であって「目的」ではありません。

ＡＩを使わなくても新コンテンツや効率化を実現できるのであれば、それはそれでＯＫですよね。

「AIを使うこと」を目的にする必要はありません。不要だと思ったときは、思い切って方向転換すれば、それでいいのです。

はじめはAIプロジェクトのつもりでスタートを切ったけれど、通常のプログラムだけで目的を達成できたというケースもあるのです。

AIプロジェクトの大まかな流れを確認しよう

次ページのMAPは、AIプロジェクトの流れを図解したものです。

DXの目的は、デジタル環境やデジタル技術を活用しながら、これまでにない製品・サービスを生み出したり、これまでの構造を改善したりすることなので、これを「AIを利用するDXの流れを示したMAP」と言い換えることもできます。

この第3章では、自社のビジネスを背景に企画を生み出す力を養います。第4章では、データを分析して整理する力を身に付けます。さらに、第5章では、AI開発をマネジメントする力（推進力）を身に付けます。

第2章で学んだAIに関する基礎知識は、すべての章で役に立つはずです。

この本を読んでいる途中で「どの部分を解説しているのか」がわからなくなったら、この図を見返して確認してください。

AIプロジェクトMAP

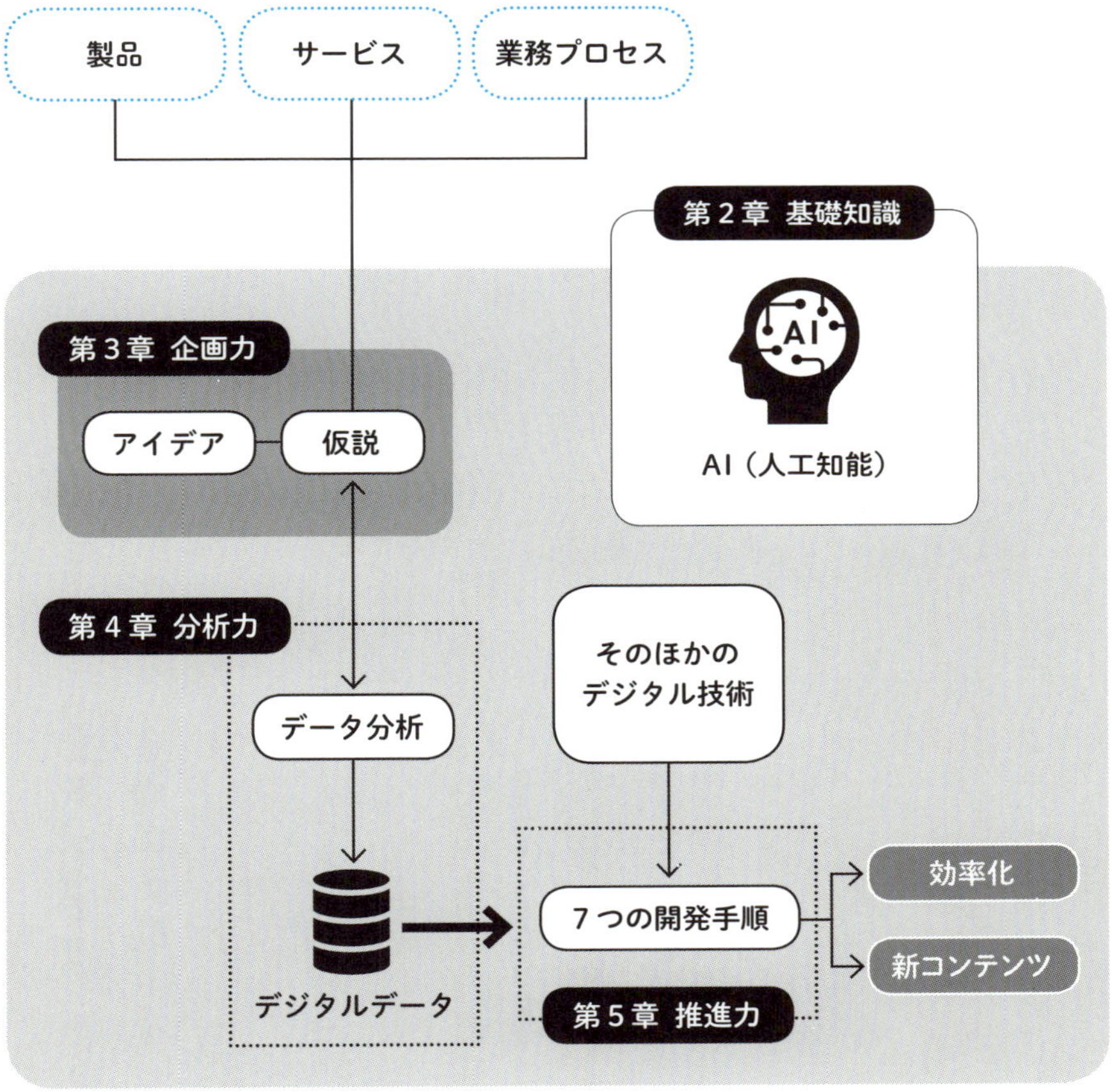

AIプロジェクトで大切なポイント

- 「AIを使うこと」を目的としない
- ふだんの業務から課題を洗い出す
- 効率化と新コンテンツのどちらが適しているかを考える

AIでどんな課題を解決したい？

仕事の「課題」を発見する3つの質問

AIプロジェクトの企画を考えるときは、まず**「AIで何を実現したいか」をはっきりさせましょう。**

「なんとなくAIならできそう」「AIを使ってみたい」などの理由でプロジェクトをスタートさせると、途中で身動きがとれなくなります。ゴールがあいまいな状態では、改善も修正もうまくいかないからです。

ここでは、ゴール（効率化または新コンテンツ）をより具体的な形に落とし込んだものを「課題」と呼びます。

あなたの職場の課題は、文系AI人材であるあなたがいちばんよく知っているはずです。**会社の**

課題を発見する3つの質問

質問❶ 毎日の仕事で困っていることは？
質問❷ あなたの会社の強みはなんですか？
質問❸ 実現したら面白いと思うことは？

製品、サービス、業務プロセスを客観的にふり返りながら、まず課題を洗い出してみましょう。

次の3つの質問からスタートします。

質問❶ 毎日の仕事で困っていることは？

質問❷ あなたの会社の強みはなんですか？

質問❸ 実現したら面白いと思うことは？

答えを思いついたら、ノートにメモをとっておきましょう。

質問①に答えれば、あなたの仕事を改善するポイントがわかります。困っていることをAIで解決できれば、仕事の効率が上がるので、この場合のAIプロジェクトのゴールは、「効率化」です。

質問②に答えれば、AIであなたの会社のよいところを伸ばす方法を思いつくかもしれません。強みを活かす商品・サービスを新たに開発して、利益を得ることができるかもしれません。

また、質問③に答えることで、新しいビジネスプランを思いつくかもしれません。

質問②③の場合、AIプロジェクトの目的は「新コンテンツ」になります。

3つの質問にすべて答える必要はありません。答えにくい質問があればパスしてもかまいません。そして、質問に答えたら、もっともピンとくる答えをひとつ選んでください。それが、**AIプロジェクトの課題**になります。

課題が決まったら、それを解決するための方法を掘り下げてプロジェクトの目標を決めます。

さらに、「AIに何をしてもらいたいか？」と問いかけ、AIの役割も決めます。例をあげて、具体的に説明してみましょう。

ケーススタディ

コールセンターの人手不足を解消したい

通販サイトのコールセンターに勤務するAさん。スタッフは彼女のほかに9人いますが、いつも人手が足りません。離職者も多く、新しい人材を迎え入れても、慢性的な人手不足の状況は改善されません。

そこでAさんは、AIプロジェクトを会社に提案して、この状況を改善しようと考えました。

Aさんは先ほどの3つの質問に対して、次のように答えました。

質問1「毎日の仕事で困っていることは？」

↓**慢性的な人手不足に悩まされている**

質問②「あなたの会社の強みはなんですか？」

↓コールセンターとしての実績と信頼

質問③「実現したら面白いと思うことは？」

↓コールセンターの業務をロボットが行う

質問③に対する「全員ロボット化」も近い将来、不可能な目標ではなくなるかもしれませんが、現在の技術では、オペレーターのように臨機応変にお客様に応対するのは難しそうです。

そこで、ここでは、最大の悩みである「慢性的な人手不足を解決すること」を課題にします。この課題を解決するために、具体的に何をすればいいでしょうか。

慢性的な人手不足の問題を解決する策としては、次の2つが考えられます。

解決策①　募集をかけてスタッフを増員する

解決策②　スタッフの仕事量を減らす

「解決策①スタッフ増員」のためにAIを使うのは難しそうです。スタッフの数を増やせば、そのぶん人件費も増えるので、必ずしもよい結果とは言えません。

では、「解決策②仕事量を減らす」はどうでしょうか。**AIに業務の一部を手伝ってもらえば、スタッフひとりあたりの仕事量が減るので、結果的に人手不足を解消できます。**

今回のケースにおいては、AIプロジェクトの課題は「お客様サポートの仕事量を減らす」になります。

次に、その課題に対して、AIに何をしてもらいたいのか（AIの役割）を決めます。

Aさんは、ここでコールセンターに寄せられるお客様の質問を調べてみました。

すると、全体の約5割が、ウェブのFAQ欄にも掲載されている「よくある質問」であることがわかりました。この「よくある質問」をAIで処理できれば、スタッフの仕事量を減らすことができそうです。そこで、**AIの役割は「お客様への対応業務を一部代行する」**こととなります。

そして、そのAIの役割をもっと具体的に掘り下げながら、AIプロジェクトの目標を決めます。

AIが複雑な質問に答えるのは難しそうですが、FAQにある「よくある質問」になら応答できそうです。そこでAさんは、目標を「よくある質問への自動応答システムを開発」に設定しました。

このように、**具体的な目標を設定できれば、AIプロジェクトが途中で迷走することはなくなるはずです。**

3つの質問でAIプロジェクトの目標を決める

質問❶ 毎日の仕事で困っていることは？
慢性的な人手不足に悩まされている

質問❷ あなたの会社の強みはなんですか？
コールセンターとしての実績と信頼

質問❸ 実現したら面白いと思うことは？
コールセンターの業務をロボットが行う

AIプロジェクトの課題
お客様サポートの仕事量を減らす

AIに何をしてもらいたい？＝AIの役割
お客様への対応業務を一部代行する

↓

AIプロジェクトの目標
よくある質問への自動応答システムを開発

AIプロジェクトの目標を決めるためのポイント

- ３つの質問から得られる現実的な課題をひとつ選ぶ
- AIをどの部分に使えば課題を解決できるかを考える
- 「課題の解決 ＝ AIプロジェクトの目標」とする

結論から考えて全体像をいっきにつかむ

3つのステップで仮説を立てる

さて、ここまで、AIプロジェクトの目標を立てる手順を紹介しました。ここからは、プロジェクトの**目標に向かって仮説を立てる手順**を説明します。

ビジネスにおける仮説とは、もっとも確からしいと思える仮の答えのこと。コンサルタントの仕事術から生まれた「仮説思考」の考え方をベースにしています。

ビジネスでは、資料集めに時間をかけて慎重に企画を立てるよりも、**はじめに仮説を立てて軌道修正をしながら進めたほうが、結果的に短時間で正しい結論にたどりつけます。**

AIプロジェクトでも、はじめに仮説を立てますが、この場合、「確からしさ」にはそれほどこ

（「仮説思考」がすぐれている理由は？）

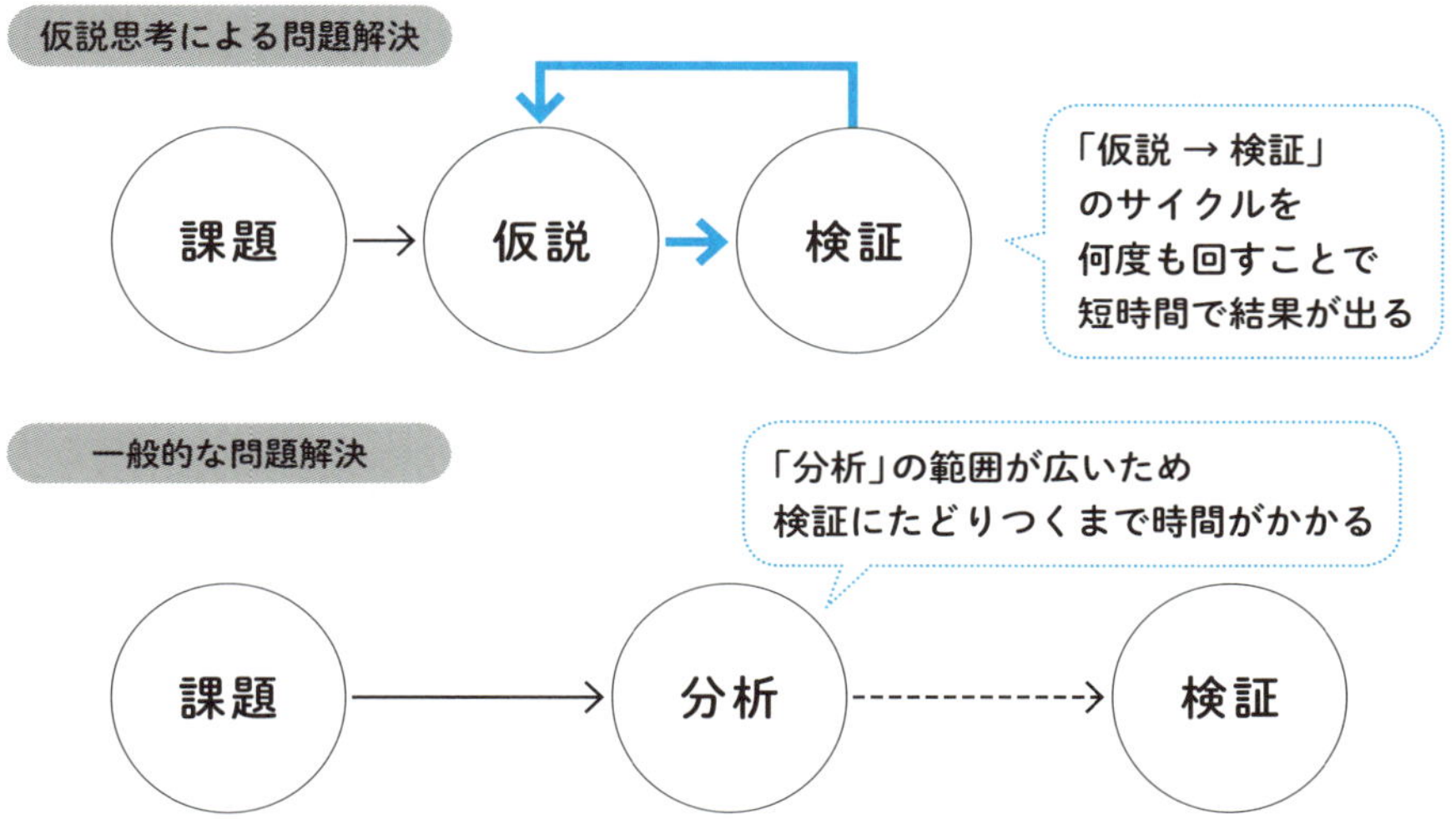

だわる必要がありません。AIの場合、**学習させてみなければわからないことも多い**ので、試しながら軌道修正するという考え方でよいのです。

では実際に、3つのステップで仮説を立ててみましょう。

ステップ① AIのタスクから推理する

ステップ② AIのスキルから推理する

ステップ③ ゴールのイメージを図にする

ステップ①では、第2章で紹介した機械学習3兄弟が再び登場します。**AIの学習法から、「役に立つタスクはないか」と推理する方法**をお伝えします。

ステップ②では、**AIの得意なスキルから「使えるスキルはないか」と推理します。**AIが得意なスキルを、人間の身体の機能にたとえて説明しながら、発想を広げるお手伝いをします。

最後はステップ③です。AIプロジェクトの目標をもう一度見直して、どんな成果があがるのかを考え、イメージを書き出しましょう。

AIの「タスク」と「スキル」を分けて考えてみる

「ステップ①の『タスク』と、ステップ②の『スキル』は何が違うの？」と疑問に思う方のために、少しだけ説明しておきます。

部品工場で働いている不良品を検出するロボットのことを想像してみてください。

ロボットはベルトコンベアで流れてくる部品を合格品と不良品に分別します。ロボットは、付属したカメラで画像をとらえて不良品を検出し、それをつかんで袋のなかに落とします。

この一連の動きのなかで、**「合格品と不良品に分別する」**ことを**「タスク」**と呼びます。そして、**「付属したカメラで画像をとらえて不良品を検出」の部分を「スキル」**と呼びます。

AIに関する説明において、タスクとスキルが区別されないことが多いのですが、このように分けるとすっきりするのではないでしょうか。

以下のように覚えておきましょう。

- **タスク＝仕事……どんな仕事をするか？**
- **スキル＝能力……どんな能力があるか？**

それでは、ステップ①の「タスク」から順に説明していきましょう。

(ロボットのスキルは「画像認識」、タスクは「分別」すること)

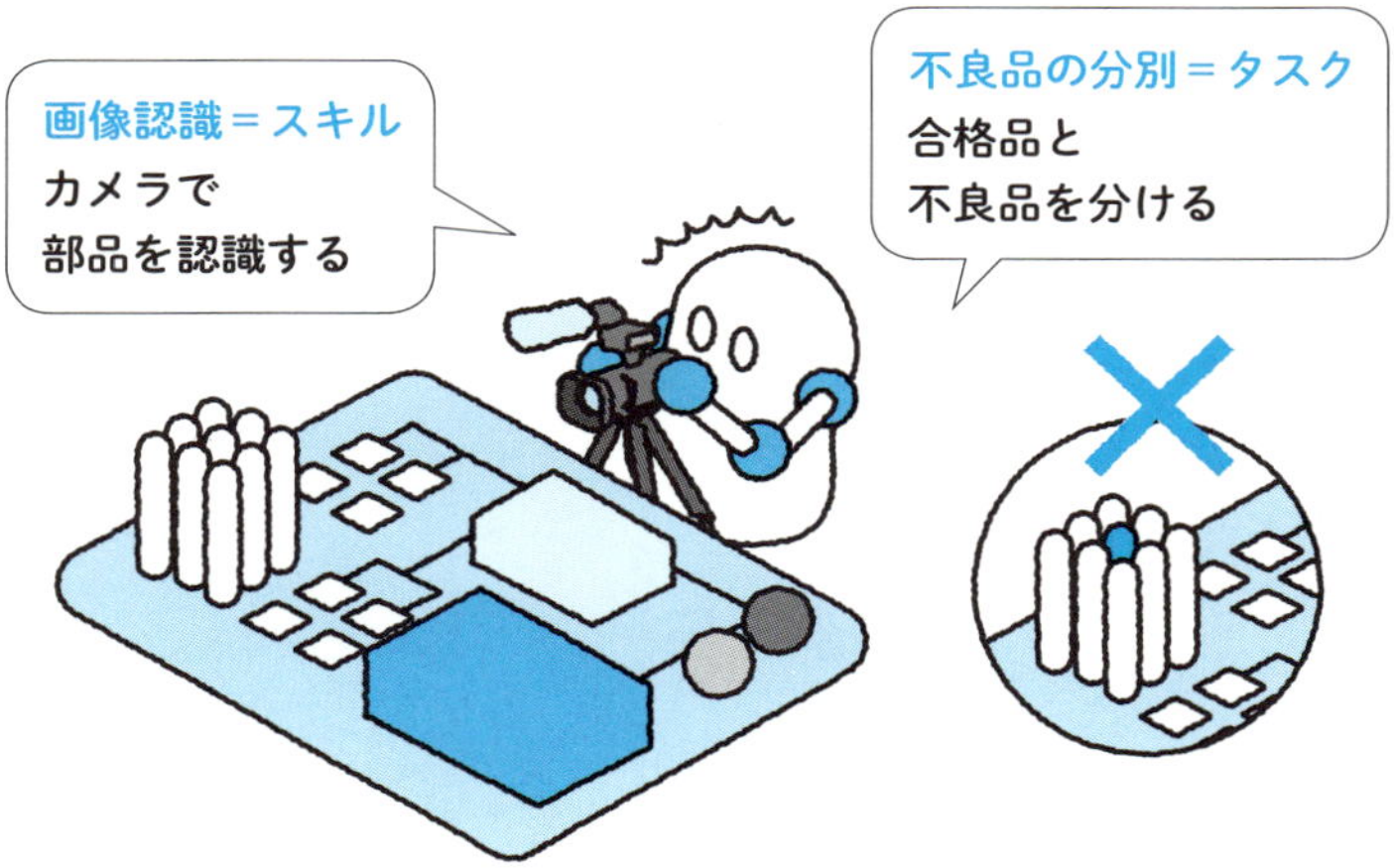

不良品を検出するロボットの技術

AIのスキル	カメラで画像を認識する＝画像認識	ここまでがAIシステム
	▼	
AIのタスク	認識した画像を判定して合格品と不良品に分ける	
	▼	
ロボティクスの技術	不良品をつかんで取り出す	

スキルとタスクを分けて考えるコツ

- スキルについては、AIが「そなえている能力は何か」を考える
- タスクは、AIのスキルを使って 「どんな仕事をさせるか」を考える

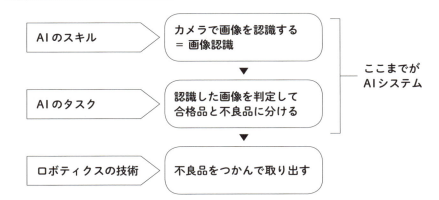

ステップ1

AIの「タスク」から推理する

AIの得意なタスクに当てはめて考えてみる

さて、ここから、具体的にAIの使いどころを考える方法を紹介します。

AIプロジェクトの目標がどんな方法で達成できるかを推測してみましょう。

はじめにAIのタスク、具体的には機械学習の学習法から推理してみます。

機械学習3兄弟が得意なタスクを利用して目標を達成することができそうですか？　ここで、ふたたび第2章で紹介した機械学習3兄弟に登場してもらいましょう。

- 長男……教師あり学習
- 次男……教師なし学習
- 三男……強化学習

ここでは、3兄弟の得意なタスクについておさらいします。

次ページの表を見ながら、それぞれの特徴をもう一度確認してみましょう。

この表は、機械学習3兄弟の「得意なタスク」「どんなときに使う?」「どんなときに役立つ?」をまとめたものです。順に説明します。

教師あり学習

❶ 分類

長男「教師あり学習」の得意なタスクは「分類」と「予測」でした。

「分類」は、データをあらかじめ決めておいたいくつかのラベルに分けるタスクです。たとえば、電子メールのメールソフトにおける迷惑メール判定機能、お問合せ対応業務の自動化、工場のベルトコンベアに流れてくる部品のなかから不良品を検出するシステムなどがその代表です。教師あり学習で学習をしてパターンを読めるようになれば、対象となるものをいくつかに分類できるようになります。

教師あり学習

❷ 予測

「予測」とは、**連続するデータ(連続値)から未来の数値を予測するタスク**です。「分類」に対して、「回帰」と呼ばれることもあります。

明日の株価、翌週のビールの売上、今年の農作物の収穫時期など、連続したデータの流れを読み、どんな数値になるかを予測します。

教師なし学習

❸ クラスタリング

機械学習3兄弟が得意なタスクを覚えておこう

機械学習の名前	学習法	どんなときに使う？	どんなときに役に立つ？
教師あり学習	分類	データをいくつかに分類したいとき	・メールソフトの迷惑メール判定機能 ・お問合せ対応業務の自動化 ・部品の不良品自動検出システム
	予測	連続するデータを予測したいとき	・株価の動きを予測するシステム ・ビールの売上を予測するシステム ・農作物の収穫時期を予測するシステム
教師なし学習	クラスタリング	データをいくつかのグループにまとめたいとき	・自社商品のポジショニング分析 ・「お得意さま」グループへの特典付与 ・ＥＣサイトのレコメンドシステム
	次元削減	たくさんのデータから重要なデータを抜き出してまとめる	・データの情報量を圧縮したいとき ・データの傾向を見える化したいとき
強化学習	行動パターンの学習	ある状態における行動のルールを決めたいとき	・AIを搭載した将棋ソフト ・人間に好印象を与える案内ロボット ・歩き方を自分で学ぶ歩行ロボット

AIのタスクからできそうなことを見つけるコツ

- **教師あり学習の「分類」はもっとも利用頻度が高い**
- **教師なし学習は学習データが用意できないときに検討する**
- **複数のタスクを組み合わせることもできる**

次男「教師なし学習」が得意なタスクは、「クラスタリング」と「次元削減」です。

「クラスタリング」はデータをいくつかのグループにまとめるタスクです。

このタスクは、マーケティングにおいて、自社商品のポジショニングを分析するときに利用されています。また、顧客のなかから「お得意さま」のグループを見つけ出して、キャンペーンを実施したり先行販売を行ったりするという使い方もできます。

また、ECサイトの購買履歴でクラスタリングを行えば、同じグループに属している顧客が購入した商品をレコメンドすることもできます。

教師なし学習

④ 次元削減

また、次男「教師なし学習」は「次元削減」も得意です。**たくさんのデータから重要なデータだけを抽出して、わかりやすくまとめることができます。**

機械学習では、情報量を減らし、本質的なデータの構造をわかりやすく表現するため、「次元削減」という手法が使われます。この場合の「次元」とは、データの項目数のことです。

第２章の学力テストの例で説明したように、ある目的のために不必要なデータの項目を整理して、要約するための手法です。

たとえば、ビッグデータをあつかうとき、この項目数が多すぎると、あつかうパラメータの数が増えすぎて処理が難しくなります。そんなときにこの「次元削減」を実行すれば、全体の情報量も減るので、そのぶんコンピュータが処理しやすくなります。

また、３次元以下に次元を削減すれば、グラフ

（好印象を与えた返事、ポーズに高い得点を与えて報酬にする）

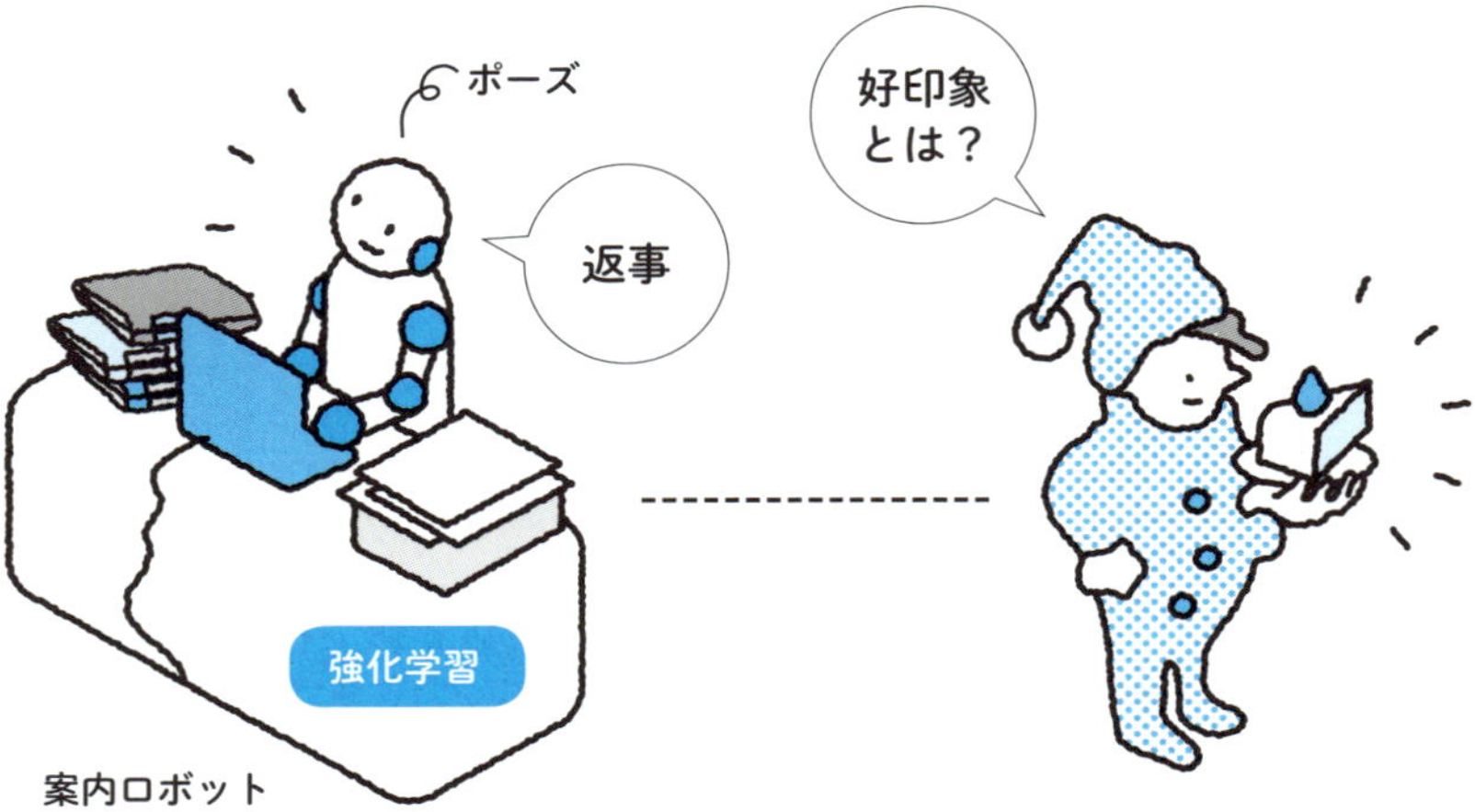

や図に置き換えて見える化できるため、人間が直感的にデータの傾向を読めるようになります。

強化学習

5 行動パターンの学習

最後は、三男「強化学習」です。

「強化学習」の得意なタスクは「行動パターンの学習」です。 三男は、第2章で説明したように、**「報酬」を受け取ることで、どんどん賢くなります。** 囲碁や将棋の場合は、その時点でもっとも勝利に結び付く可能性が高い一手を選択することが報酬になります。

たとえば、受付にいる案内ロボットの場合は、顧客に好印象を与えた行動（返事、ポーズ）だけに報酬を与え続ければ、みんなに好印象を与えるロボットになる方法を自分で学習します。

好印象を与えた行動をできるだけたくさんくり

返すように学習することで、案内ロボットの評判は日に日に高まります。

また、脚の関節の角度や速度を学習して上手な歩き方を身に付ける歩行ロボットなどにも強化学習が利用されています。

さて、ここまで、機械学習３兄弟の得意なタスクについて紹介してきました。

「たぶん、このタスクに近いことをAIにやってもらえばいい」と推測できた人は、ノートの余白にメモしておいてください。

推測できない場合は、そのままでOKです。

機械学習３兄弟は、代表的な学習モデルですが、「あなたがやりたいこと」にそのまま当てはまるとはかぎりません。ピンとこない場合は、そのまま次に進んでください。

ステップ2

AIの「スキル」から推測する

「画像認識」や「音声認識」はさまざまな用途に使われる

それでは、次のステップ②に進みます。

機械学習3兄弟の得意なタスクに当てはまらなかった場合も、がっかりせずに読み進めてください。ここでは、**AIの得意なスキルを分類して、そこからAIのスキルを推理する方法**を解説します。

AIのスキル（AIで実現できる技術）はたくさんあります。たとえば、**「画像認識」**は、物体をカメラで見て、それを何らかの画像として認識するスキルです。人間の目のような働きをします。

一方、人間の音声を認識してテキストに変換する**「音声認識」**と呼ばれるスキルもあります。こちらは音声を認識するわけですから、人間の耳のような働きをすると考えていいと思います。

おもなAIのスキルを人間の身体の部位に置き換えてみました。

身体の部位に関連付けて整理しておけば、「こんなことできるかな？」と発想を広げるときにとても便利です。自分の身体の機能に置き換えて推理することで、「どんなスキルを使うべきか」を予測できるようになるのです。

ケーススタディ

コールセンターの自動音声はどうやってつくられているの？

たとえば、先述のコールセンターに勤務するAさんの課題は、**「お客様サポートの仕事量を減らす」**でした。それに対するAIプロジェクトの目標は**「よくある質問への自動応答システムを開発」**でした。

この課題と目標を確認してから、「AIのスキル」「画像認識」「音声認識」も含めて、代表的なものは次の通りです。

- レコメンド
- テキスト解析
- 需要予測
- 画像認識
- 文字認識
- 異常検知
- 音声認識
- チャットボット
- 音声合成
- 画像生成
- 機械翻訳
- 自動運転

次ページの「AIのスキル早見表」を見てください。

AIのスキル早見表

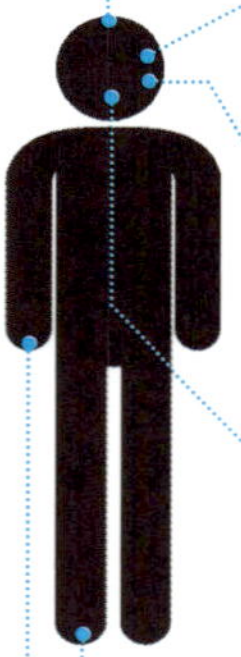

部位	スキル	内容
頭脳	レコメンド	過去のデータから利用者に合うデータを推薦する
頭脳	テキスト解析	テキストを解析して必要な情報を抽出する
頭脳	需要予測	過去のデータから未来の需要を予測する
目	画像認識	画像を解析して写っているものを認識する
目	文字認識	文字の画像を解析して写っている文字を認識する
目	異常検知	大量のデータのなかから異常なデータを見つける
耳	音声認識	音声を聞き取ってテキストに変換する
口	チャットボット	入力に対してテキストまたは音声で応対する
口	音声合成	テキストを音声に変換する
手	画像生成	画像を自動的に生成する
手	機械翻訳	ある言語で書かれたテキストを別の言語のテキストに変換する
足	自動運転	自動車の自動運転に関する複合的なスキル

AIのスキルからできそうなことを見つけるコツ

- **頭脳、目、耳、口、手、足の５つのパーツから連想して考える**
- **各パーツが「どんなスキルを持っているか」と考える**

ル早見表」を見直してみましょう。

どんなスキルを活用しますか？

「よくある質問に答える自動応答システム」ですから、「ロ」の部位に関連付けられている「チャットボット」に関係がありそうですね。

チャットボットには、さまざまな種類がありますが、もっともシンプルなスタイルは、**顧客のテキスト入力に対して、AIがテキストで応答するシステム**です。

顧客のテキスト入力を判定して、適切な答えをテキストで返すシステムをつくれば、「よくある質問への自動応答システムを開発」という目標を達成できそうです。

ただし、最終的にAIが音声で応答するようなシステムをつくる場合は、基本的なチャットボットにいくつかスキルを追加する必要があります。

顧客の声を分析してテキストに変換する音声認識と、顧客に返すテキストを音声に変換する音声合成です。

テキストだけで応対するか、音声でも応対するかは保留にして、次の3つのスキルが使えそうなことが導き出せました。

- **チャットボット**
- **音声認識**
- **音声合成**

このように、求める機能によってシステム構成は変わります。システム構成に関しては、AIエンジニアに相談して決めればよいので、ここでは、**「使えそうなスキル」**をピックアップしておくだけで大丈夫です。

身体の部位に置き換えて考えてみると、AIシステムのなかで、どのスキルがメインになるかを予測できるようになります。

音声で会話するロボットには３つのシステムが必要

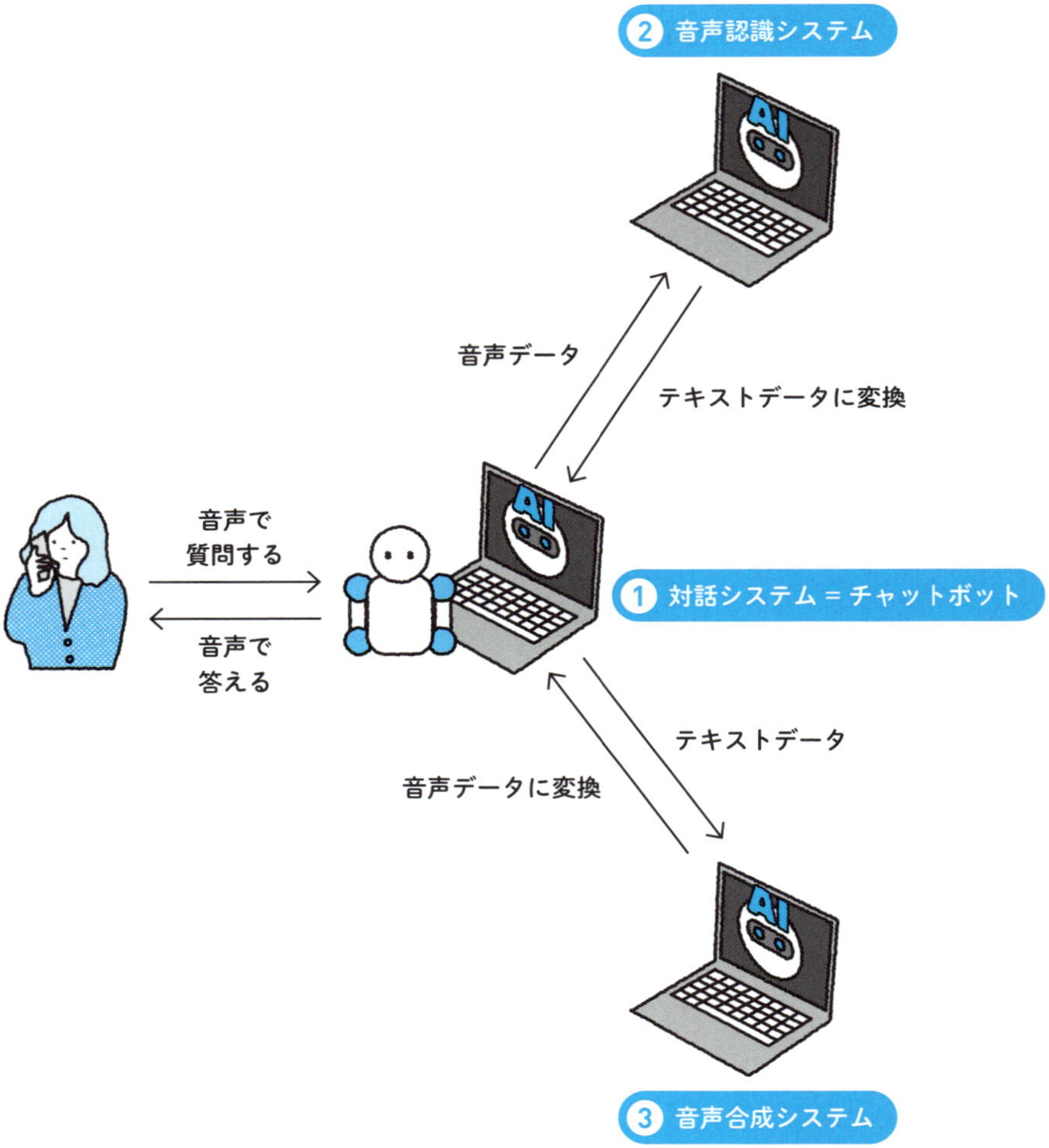

AIシステムの構成を考えるときのポイント

- ひとつのシステムに複数のAIが必要な場合がある
- AIのスキルを細分化して考えてみることが大切

ステップ３

ゴールのイメージを図にする

入力から出力までの流れをまとめる

ステップ1・2では、ＡＩのタスクとスキルから、「どんなＡＩになるのか」を推理する方法を解説しました。

ＡＩのタスクからは全体像がイメージできなかった人でも、身体の部位に置き換え、ＡＩのスキルから推測すれば、何となくそれが見えてきたのではないでしょうか。

仮説の仕上げにあたるステップ3では、ＡＩシステムの全体像を図にしてみましょう。商品やサービスの細かい部分ははぶきます。

記入する項目は次の３つです。

- 入力
- 機械学習の学習モデル

●出力

はじめに「入力」を記入し、次に「出力」を記入すれば、その間の「機械学習の学習モデル」でどんな処理を行えばいいかが予測できるはずです。

もし、「機械学習の学習モデル」がまったく想像できない場合は、空欄のままでもかまわないので、この図をAIエンジニアに見せて、相談してみましょう。

入力と出力が決まっていれば、AIエンジニアが学習モデルを提案してくれるはずです。

課題や目標を言語化することも大切ですが、このように図にしてみると、**「できないこと」と「できること」が明確になります。** 文系AI人材がひとつのAIでできると予測していたことが、じつは2つのAIを組み合わせなければ実現できない

（入力から出力までを図にする）

入力	機械学習の学習モデル	出力
どんなデータを入力するのかを書く	学習モデルを予測する 不明の場合は空欄に	どんなものを出力したいかを具体的に書く

と気づくこともあります。

また、IoTやセンサーなど、ほかのデジタル技術と組み合わせる必要があることがわかる、というケースもあります。

その意味でも、この段階で文系AI人材とAIエンジニアが相談しておくことは大切です。

はじめはつたない図でも、アドバイスを受けながらブラッシュアップしていくことで、お互いに具体的なイメージを共有できるようになります。何回か書き直して、この段階で仮説を見える形にしておきましょう。

もし、この図を本番のAIシステムに近い形で仕上げることができれば、次に紹介するカスタマージャーニーマップを作成することもできるようになります。

（よくある質問への自動応答システムを開発する場合）

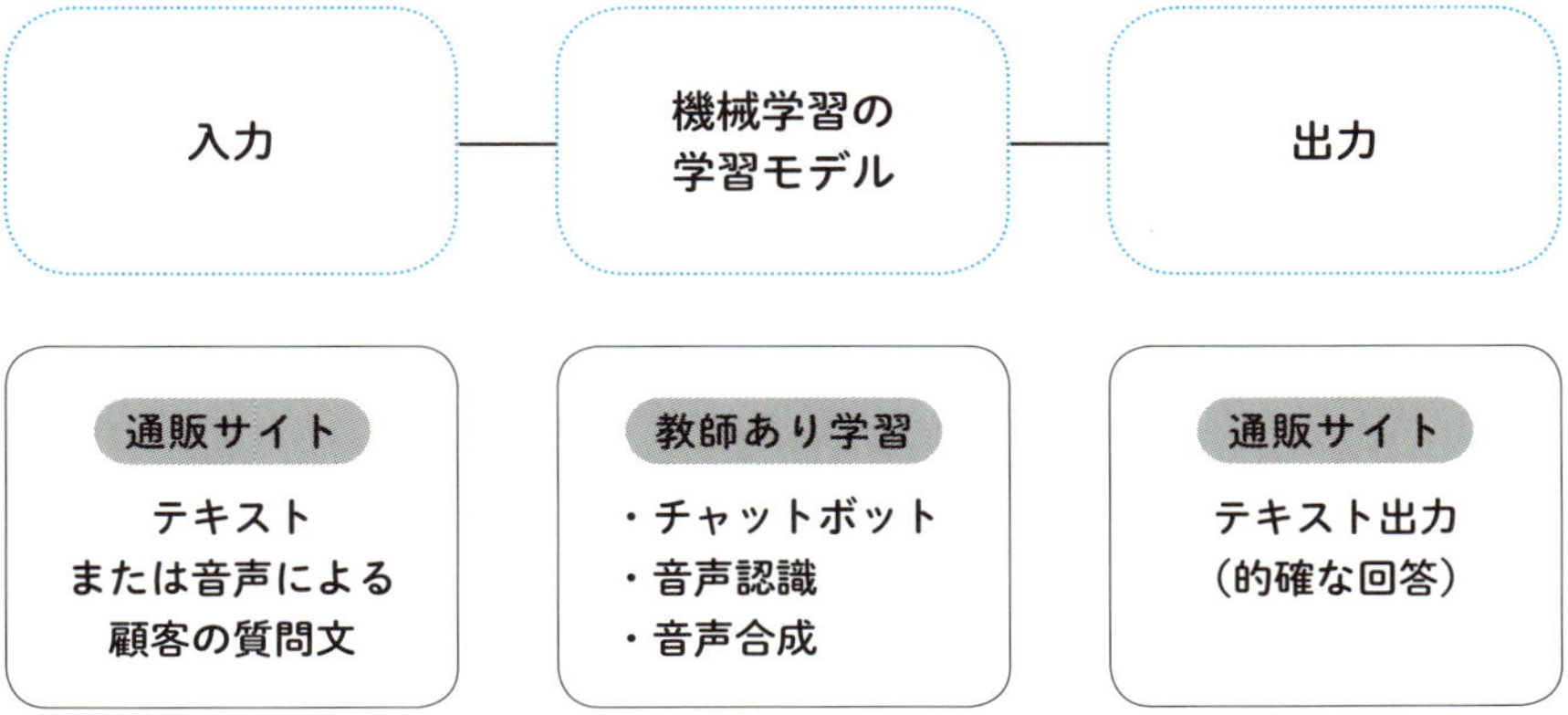

AIから一度離れて企画を見直す重要性

カスタマージャーニーマップ

顧客のたどるプロセスや行動を可視化する

AIシステムのイメージをざっくりと決めたら、次は顧客の視点に立って考えてみましょう。あなたの商品・サービスが一般的な顧客（カスタマー）を対象にする場合、カスタマージャーニーマップ（以下、CJM）を描いてみることをおすすめします。

このCJMは、**サービス・商品とのかかわりのなかで顧客がたどるプロセスを視覚化したもの**です。マーケティングの分野でよく利用される有名な思考ツールなので、すでに知っている人も多いと思います。

顧客は商品・サービスを受け取る過程で「感情」

が少しずつ変化します。この思考ツールを利用して、顧客の視点で全体を見渡すことで、今まで気づかなかった**「足りない部分」を見つける**ことができるのです。

これまで、商品・サービスを提供する側の立場でAIプロジェクトの課題や目標を検討してきました。先ほどのコールセンターのAさんの場合、課題は「お客様サポートの仕事量を減らす」、目標は「よくある質問への自動応答システムを開発」でした。

この課題も目標も、開発する側の立場で考えたものです。間違いではありませんが、ここには、**「顧客の視点」が抜け落ちています。**

もし、この自動応答システムが完成してサポート側の仕事量が減っても、利用する顧客の評判が悪ければ、元も子もありません。

だからこそ、この時点でCJMを作成することが大切なのです。

そして、**CJMをいちばん上手に作成できるのは、文系AI人材であるあなたです。**AIコンサルタントもAIエンジニアもなかなかうまくつくれません。業務の本当の勘どころを知っているとはかぎらないからです。

ネットにはたくさんのCJMフォーマットが用意されています。「顧客の行動」「顧客の思考」「顧客の感情」「課題」など、商品・サービスを利用するまでの過程をいくつかのステップに分けて、細かく書き出す場合もあります。ここでは簡易版を作成する方法を説明します。

もし、本格的なCJMを作成したいときは、ここで紹介する簡易版をベースに、あなたの業務にぴったりのフォーマットにカスタマイズして利用してください。

ではあらためて、簡易版CJMについて説明します。このマップに欠かすことができないポイン

カスタマージャーニーマップ作成に必須の５項目

ターゲット	❶			
ステップ	❷ 1. ●●●●	2. ●●●●	3. ●●●●	4. ●●●●
行動	❸			
思考	❹			
感情	❺			

トは次の５つです。

ポイント❶ ターゲットの設定
ポイント❷ ステップに分割
ポイント❸ 顧客の行動
ポイント❹ 顧客の思考
ポイント❺ 顧客の感情

ポイント①**ターゲットの設定**から説明します。

「ターゲット」とは、この商品・サービスを利用する顧客のプロフィールです。たとえば、「50代の女性（会社員）、東京近郊在住」「70代のシニア男性（リタイア組）、関西圏在住」などが、ターゲットの設定となります。

商品・サービスの内容によっては、もう一段階掘り下げた「ペルソナ」の設定が必要になりますが、簡易版なので、ここでは大まかなターゲットを設定できればＯＫとします。

ちなみに、ペルソナの場合は「年齢：32歳、職業：IT企業勤務、居住地：東京都世田谷区、年収：800万円」と具体的に設定する必要があります。ほかに、家族構成、趣味、価値観、ライフスタイルなどの要素も加えて細かく分析します。

続くポイント②**ステップに分割**では、顧客の体験をいくつかのステップに分けてまとめます。

各ステップには、顧客の視点で「今どのような状態か」を記入します。魅力的な商品を発見したときは「商品を発見」、トラブルが発生したときは「トラブル発生」などと、状態がひと目でわかる文言を記入。ステップの数は商品・サービスの内容に合わせて調整してください。

ポイント③は**顧客の行動**です。商品・サービスに対して、顧客がどんな行動でアプローチをしているかを予測して記入します。

続くポイント④は**顧客の思考**です。商品・サービスを利用する顧客の思考を、ポイント②で決めたいくつかのステップに分けて記録します。顧客がどんなことを考え、行動しているかを想像して記入しましょう。

この思考と次の⑤顧客の感情は、ワンセットにして考えるとうまくいきます。たとえば、以下のように組み合わせます。

思考：かっこいい商品だから欲しい
感情：ワクワクする！

思考：わからないので困った
感情：不安になった！

そして、⑤**顧客の感情**を記入するときは、簡単な絵をプラスしてみてください。文字だけでもかまいませんが、**絵があったほうが直感的に理解し**

やすくなります。上手な絵である必要はありません。

　実際にこのフォーマットに、自動応答システムの例を当てはめてみましょう。

　ポイント①ターゲットの設定欄には、「20代の女性（会社員）」「東京近郊に在住」「30代の女性（会社員）、関西圏に在住」と記入しました。実際の顧客を分析して、問い合わせが多い顧客を2つターゲットとして設定しました。

　ポイント②ステップに分割欄には、「問題発生」「手段を検討」「問い合わせ」「問題解決」の4つを設定しました。③行動、④思考、⑤感情の欄も想像力を働かせて記入します。

　Aさんがマネジメントするコールセンターは、ある通販サイトをサポートしています。問い合わせの内容は、商品の交換、商品の返品、会員登録、解約、住所変更などが多いのですが、ここでは「商

商品交換の例でCJMを作成して企画を検討

3. 問い合わせ	4. 問題解決
チャットで問い合わせた。	すぐに返事が来た！ サイズ交換の方法を確認した。
すぐに応答してくれれば 助かるけど……。 返事は明日になるのかな？	助かった！こんなにすばやく 教えてもらえるなら、 またこの通販サイトを利用しよう。
すぐ返事がくればいいけど……ドキドキする	やったあ！安心した

品の交換」を例に考えてみます。

ＣＪＭから読み取れるのはどんなこと？

では、この簡易版ＣＪＭから、何を読み取れるのでしょうか？

Ａさんのチームがサポートしている通販サイトの主力商品は女性向けのファッション小物でした。そのため、ターゲットは20～30代の女性です。

この層なら、パソコンやスマホを操作できる顧客が多いので、ＡＩを活用した自動応答システムをクラウドに置いておけば、対応できそうです。

顧客はいつも問い合わせの手段（電話かチャットか）を迷っていると考えられるので、チャットの自動応答システムを利用する人が増えれば、そのぶん電話での問い合わせは減りそうです。

このケースなら、サイト上で**「ＡＩで迅速に対**

カスタマージャーニーマップ（CJM）の記入例

① ターゲット	20代の女性（ビジネスパーソン）、東京近郊に在住	
	30代の女性（ビジネスパーソン）、関西圏に在住	
② ステップ	1. 問題発生	2. 手段を検討
③ 行動	購入した靴のサイズが合わない！ 交換の方法がわからない。 ネットで調べてみよう！	電話で問い合わせる？ ホームページのチャットで聞く？
④ 思考	困った！ 早く連絡しないとサイズ交換に 対応してくれなくなるかも……。	電話とチャット、どっちにしようかな？ 電話のほうが早いかな？ あっ、もう夜だから 24時間対応のチャットにしよう。
⑤ 感情	 どうしよう！ だれにも相談できないので 不安だ	 落ち着かない！ このままじゃ 眠れなくなるかも

応!」とアピールすることで、チャットを利用する人が増えるのではないでしょうか。

ここで、もう一度、AIのスキルを確認しましょう。

- チャットボット
- 音声認識
- 音声合成

このターゲットなら、テキストだけで自動応答するチャットボットで、課題「お客様サポートの仕事量を減らす」を十分クリアできるはずです。**音声で応答するために必要な「音声認識」や「音声合成」のシステムを新たに開発する必要はなさそうです。**

もし、Aさんのチームが、シニア層向け商品を販売している実店舗をサポートしているのであれば、話は別です。シニア層はパソコンやスマホの操作に慣れていないことも多いため、チャットボットだけを導入してもあまり効果がありません。かかってきた電話に音声で自動対応するシステムを開発する必要があるでしょう。

このように、AIをビジネス上のサービスにどう組み込むかで、システム構成そのものが大きく変化する場合があります。

顧客視点で自社サービスの提供範囲を見直してみよう

入力されたテキストにテキストで自動応答するシステムと、音声入力に対して音声で応答するシステムでは、開発にかかる時間もコストも大きく違います。「なんとなく音声で応答できたほうが便利そう」という理由でプロジェクトの目標を設定しないように注意しましょう。

その意味でも、CJMを作成してみることには意義があります。

また、この簡易版CJMがあれば、**AIエンジニアと本当のゴールを共有できるようになります。**

プロジェクトの目標はシステムの完成ですが、本当の目標は、その新しいシステムを利用して、**今よりも快適な未来を実現することです。**

チームをけん引するあなたが、プロジェクトにかかわる人全員にこの未来予想図を示すことで、全員が同じ目標に向かって前進できるようになるのです。

このマップを作成すれば、AIプロジェクトの道筋が見えてくるはずです。

KPI プロジェクトの目標を数値化

ここから、AIプロジェクトの目標を数値化することについて説明します。一般的に「KPI」と呼ばれる数値のことです。

KPIとは「Key Performance Indicator（キー・パフォーマンス・インディケーター）」の略称です。「重要業績評価指標」とも呼ばれ、目標を達成するまでのプロセスを管理するための重要な指標です。AIプロジェクトにおいても、ほかのプロジェクト同様に、達成度を把握し評価するための「中間目標」となるため、とても有効です。

先ほどのCJMを作成する際はKPIの欄をつくり、一定の期間ごとに目標値を設定する場合が多いようです。

対象となる顧客が存在せず、CJMを作成する必要がない場合も、ＫＰＩの数値だけは設定しておいたほうがよいでしょう。

ＡＩシステムを本格導入する際に、ＫＰＩを設定しておかなければ、プロジェクトが成功したかどうかを判断することができません。

簡単に言えば、**ＫＰＩの数値が成否の判断をする基準**になるということです。

もちろん、開発コストをかければかけるほど、ＫＰＩの数値は高くなります。逆に、「半年間にかぎり収支は問わない」と事前に経営陣から許諾を得ているなら、コストの回収を半年後から行えばよくなるため、ＫＰＩでより現実的な数値設定ができます。

また、企業によって、ＡＩプロジェクトの企画を通す段階でＫＰＩの設定を求められることもあります。設定する期間もバラバラで、１週間単位でＫＰＩの結果を求められることもあるようです。

文系ＡＩ人材のあなたがＡＩプロジェクトのリーダーを務めるなら、開発コストを管理する必要があります。そして、その開発コストを回収して黒字にするための過程まで管理しておくべきでしょう。さらにその後、どのようなペースで利益を上げていくかを予測する必要もあります。

このあたりは「ＫＰＩマネジメント」の分野で、ここではくわしく説明しませんが、「ＡＩプロジェクトも例外ではない」と考えてください。

また、ＫＰＩによる管理が不要な職場でも、可能なかぎりＫＰＩマネジメントを導入したほうがよいでしょう。ただし、この点についてあまり難しく考える必要はありません。

職場にルールがあればそのルールに従います。ルールがなければ、**「最終的な目標値（ＫＧＩ）に向かってどのようなプロセスで小さな目標を達成するか」**を自分で考えてＫＰＩの数値を決めておきましょう。

業務改善もKPIで管理する

AIプロジェクトのゴールが「新コンテンツ」であれば、KPIの設定は比較的簡単です。その新コンテンツ（商品・サービス）が一定期間でどれだけ収益を上げるかを予測し、その数値をKPIに置き換えるだけでOKです。数値を設定しておけば、開発コストをどの段階で回収できるかも予測できます。

一方、AIプロジェクトのゴールが「業務改善」の場合は、**「導入前の業務」と「導入後の業務」を比較すること**で設定できます。

たとえば、営業職の場合で考えてみましょう。あるサービスの「平均単価が10万円」で「月間の売上目標が1000万円」と仮定すると、「1000万円÷10万円＝100人」で毎月100人の顧客と契約する必要があります。もし成約率が10％であれば、営業の対象となる顧客数は毎月1000人ということになります。

従来はこれを10人の営業職で回していました。

ここで、AIシステムを導入した結果、成約率が20％に上がりました。

AIで顧客のデータを分析し、最適なプランを提案できるようになったため、成約率が上がったのです。成約率が2倍になったため、営業の対象とすべき顧客は半分の500人になりました。

これまで1000人を10人で回していたわけですから、500人なら5人で回せます。

10人が5人に減れば、5人ぶんの人件費が浮きます。この**5人ぶんの人件費がKPIの数値**として設定できるというわけです。

AIプロジェクトは開発コストの面で不確定な要素が多く、そのぶん管理も難しいと言えますが、

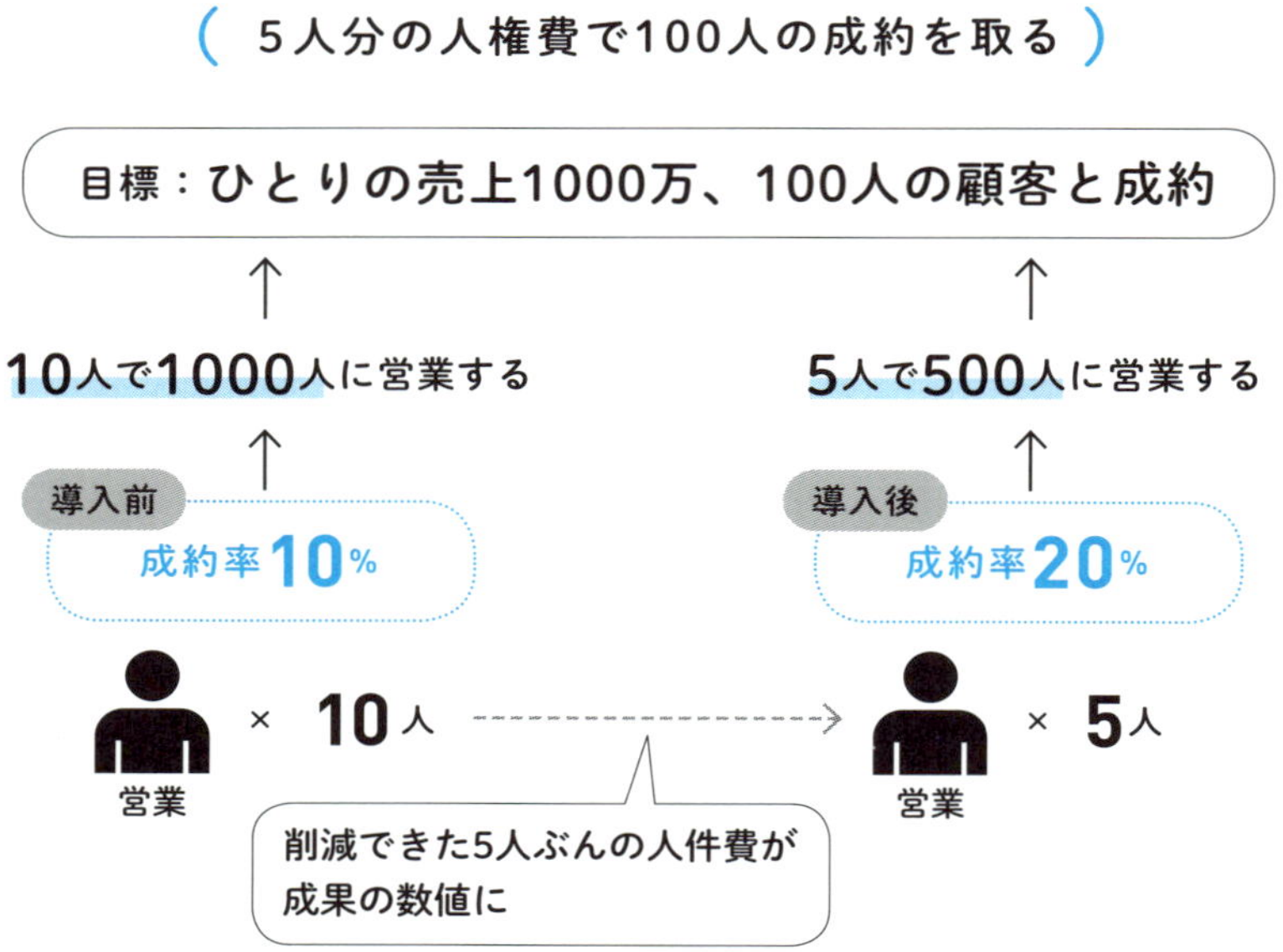

KPIの数値は設定しておくことをおすすめします。KPIはプロジェクトの成否を判断する基準になるだけではなく、「どこで予測がはずれたか」を反省できる材料になるからです。

「要件定義」は専門家に頼って仕上げる

「要件定義」とはAIシステムの仕様書

ここまでで、AIシステムの仮説を立て、CJMとKPIも作成しました。最後に「要件定義」について説明しておきます。

要件定義とは、システムに組み込む機能をすべて記入した仕様書です。セキュリティやサーバー、プラットフォームの仕様など、専門的な部分まで踏み込んで決める必要があるので、文系AI人材には少し荷が重い作業です。

一般的に、ITシステム（AIシステムを含む）を開発するときは、プロジェクトの工程を上流、中流、下流に分けて整理します。

具体的には、以下のような工程です。

- **上流工程……要件定義**
- **中流工程……システム設計・プログラミング**
- **下流工程……システムの検証**

この第3章で説明した仮説を立てるまでの過程には、上流工程の要件定義の作成が含まれています。

AIプロジェクトも基本的には同じです。

AIエンジニアが社内にいる場合も、社外にいる場合も、要件定義は必ず必要になります。ただし、AIプロジェクトの場合、「試してみなければわからない」という内容が含まれることが多いので、一度ですべての仕様を決めずに、少しずつバージョンアップさせていくことも多いようです。データ収集や学習モデル、アルゴリズムに合わせて随時バージョンアップしていくものなので、**「はじめに決めた要件定義に従わなければならない」と堅苦しく考える必要はありません。**

あなたの会社にIT部門があれば、システム構築にくわしい人材を選んで相談しましょう。

もし社内にIT部門がない場合は、この時点で、コンサルティングをしてくれる**「AIベンダー」の力を借りること**を検討しましょう。

ちなみに、一般的に「AIベンダー」と呼ばれる会社は、以下の4つのタイプに分類できます。

- **タイプ❶ 受託開発**
- **タイプ❷ コンサルティング**
- **タイプ❸ 研究開発**
- **タイプ❹ ライセンス中心**

タイプ①受託開発は、クライアントからAI開発をプロジェクト単位で受注している会社です。タイプ②コンサルティングは、AIプロジェクトを成功させるために相談に乗ってくれる会社です。

AIベンダーの4タイプ

すべてやります！
おまかせください
①受託開発
相談に乗ります！
開発はやりません
②コンサルティング
最先端技術なら
まかせてください！
③研究開発
ライセンスの交渉を
代行します！
④ライセンス中心

タイプ①②を両方手がけている会社もあるので、ホームページなどで確認してみましょう。

タイプ③研究開発は、一般企業と大学の研究室が連携してAI開発を進めているベンダーです。最先端の技術を活用できるというメリットがありますが、本来の仕事は研究なので、企業側のニーズに柔軟に対応してもらえない可能性があります。

そして、タイプ④ライセンス中心は、ライセンスの貸し出しをおもな業務にしているベンダーです。汎用性のあるAIシステムを使用するライセンスの取り引きを中心に活動しているため、受託開発やコンサルティングに対応していない場合もあります（外注で対応している会社もあります）。

はじめてのAIプロジェクトを支援してもらうのであれば、もっとも都合がよいのは、①②を両方手がけ、お得な価格で立案からシステム完成までを請け負ってくれる会社です。もちろん、受託開発とコンサルティングを別の会社に依頼するという選択肢もあります。

どちらがよいとは言えませんが、**プロジェクトの人数が増えれば増えるほどハンドリングが難しくなること**は頭に入れておきましょう。

ＡＩプロジェクトのメンバー構成については、あらためて次章で紹介します。

さて、話が回りくどくなってしまいました。

ここで伝えたかったのは、要件定義を支援してくれる人材が社内にいなければ、ＡＩベンダーに力を借りてもかまわないということです。

ムリをして不完全な要件定義をするよりも、専門家のアドバイスを受けたほうが賢明です。

優秀なＡＩコンサルタントなら、文系ＡＩ人材に上手にヒアリングして、ＡＩエンジニアが求める要件定義を仕上げてくれるでしょう。

そして、文系ＡＩ人材であるあなたの大切な仕事は、**「ＡＩプロジェクトで何をやりたいか」**を明確にすること。要件定義はそのための手段と考えてください。

第4章

[分析力]データがプロジェクトの成否を握る

どんなデータを用いるのか

プロジェクトチームの役割とメンバー構成

役割を理解して最適な体制を整えよう

AIプロジェクトを立ち上げるときに、どんな人をメンバーに選べばいいのでしょうか。

AIプロジェクトも、一般的なプロジェクトと同じように、「プロジェクトマネージャー」をトップに、さまざまなメンバーがプロジェクトに参加します。

参加メンバーの立場は、クライアント（開発を依頼する側）、ベンダー（開発を受託する側）、フリーランスなどさまざまで、その組み合わせはケース・バイ・ケースです。一般的に「ベンダー」は販売業者や売り主を指す言葉ですが、IT業界では**「ベンダー＝プロジェクト単位で業務を受託する企業」**となります。

自社にIT部門（またはAI部門）がある場合

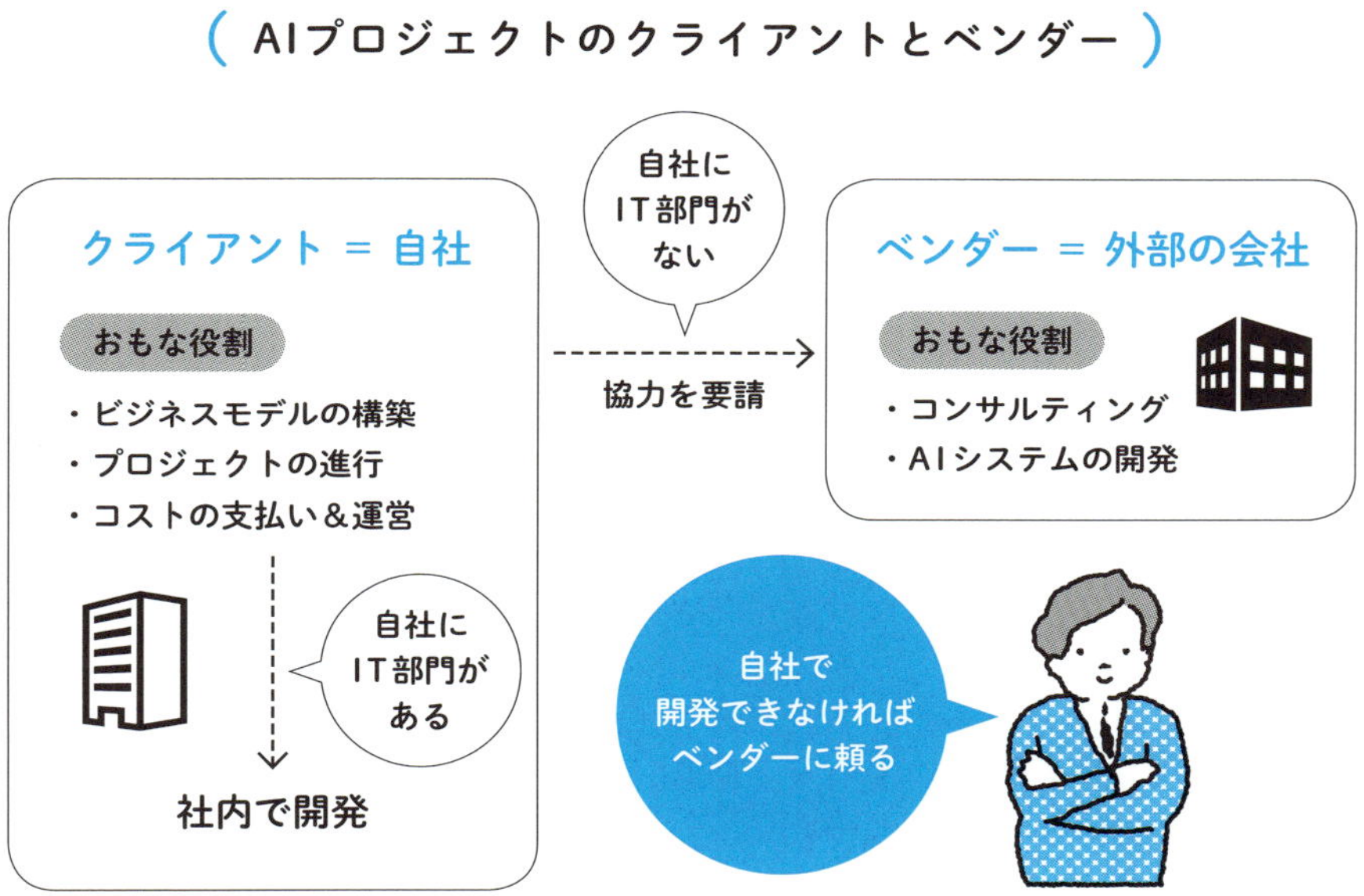

は、内部のメンバーだけで開発できますが、一般的には社外のベンダーに協力をあおぐケースが多いようです。

そのため、ここでは、文系AI人材のチームをクライアント、AIエンジニアのチームをベンダーと仮定して説明します。

はじめに、クライアントのメンバーを紹介します。

クライアント

- 文系AI人材（AIプランナー／プロジェクトマネージャー）
- スタッフ（同僚・部下）
- プロデューサー（社長・役員・上司）

文系AI人材であるあなたは、「AIプランナー」または「プロジェクトマネージャー」という立場です。AIプランナーとは、おもにAIシステムに関する企画を立案する人。プロジェクトマネジャーとは、プロジェクトのコストやスケジュールを管理する人です。大規模なプロジェクトではAIプランナーとプロジェクトマネジャーを分ける場合もありますが、この本では**企画とマネジメントの両方を担当する人を「文系AI人材」**と呼びます。メンバーをまとめ、ベンダー側の人材と相談しながらプロジェクトの進行を管理するリーダー的な存在です。

それぞれの役割をイメージしやすくするために、一軒のレストランの職種にたとえて説明してみましょう。

文系AI人材はお店の運営をまかされた**「店長」**です。お客様（顧客）に提供する料理、サービスに責任を持つのは、店長である文系AI人材の役割です。

文系AI人材に協力してくれる同僚や部下の呼び名はとくに決まっていませんが、ここでは「スタッフ」と呼びます。専門的な知識が求められることはありませんが、少なくとも担当するプロジェクトの内容は熟知しておく必要はあります。

また、お客様にもっとも近い場所でサービスを担当する立場なので、AIプロジェクトのスタッフは**「ホールスタッフ」**にあたる存在です。

最後のプロデューサーは決裁権を握っている人物です。

企業の規模や組織によって違いますが、社長、役員、部長、上司などがプロデューサーになることが多いようです。ITに関して先進的な企業では、CDO（最高デジタル責任者）がプロデューサーの役割をになう場合もあります。

レストランでは、**「オーナー」**の立場にたとえることができる人物でしょう。

プロジェクトを成功に導くためにも、文系AI人材は、プロデューサーと密に連絡をとるように

プロジェクトの中心は文系AI人材

しましょう。事後報告ですませるのではなく、つねに情報を共有しながら前に進むようにします。信頼関係を築き、プロデューサーに応援してもらえるようになりたいものです。

ベンダー❶ 支援チーム

AI導入に向けて幅広くがっつりサポート

一方、ベンダーは、役割によって**「支援」**と**「開発」の2つ**に分けて考えたほうがすっきりします。「支援」チームとは、文系AI人材、スタッフ、プロデューサーをアシストしてくれる人材です。

まずは「支援」チームから紹介します。

AIベンダー（支援チーム）

- AIコンサルタント
- アノテーター

●データサイエンティスト

ＡＩコンサルタントは、クライアントを支えてくれるアドバイザーです。文系ＡＩ人材の知識不足を補ってくれたり、ＡＩエンジニアとのコミュニケーションを円滑にする橋渡しをしてくれたりします。

つまり、**ＡＩコンサルタントはレストラン専属の「ソムリエ」**のような存在です。ワインのような特定分野の専門知識にもとづいて助言してくれますが、料理の内容やレストランの経営に直接口を出すことはありません。

次のアノテーターとは、データの作成を担当してくれる人物のことです。テキストや音声、画像などのデータにひとつひとつラベルを付けていく作業を「アノテーション」と呼びます。

このアノテーションは、機械学習（教師あり学習）のデータ準備に欠かせない重要な作業です。

アノテーションは複数のデータを共有しながら手動で行います。データ量が膨大になる場合は、部分的に自動化ツールを利用する場合もありますが、基本的には「手動」でスタートすると考えてください。

アノテーターは、レストランでは**「食材の仕入れ担当」**のようなもの。おいしい料理をつくるためには、新鮮な食材（適正なデータ）が必要です。

最後のデータサイエンティストはデータ分析のスペシャリストです。

ＡＩシステムを導入する効果を統計データをもとに予測したり、導入後に結果を分析したりするときに力になってくれる人物です。文系ＡＩ人材が単独で分析結果をまとめる場合もありますが、データサイエンティストの力を借りることができれば、より分析の精度が高まるはずです。

専門性がありながら料理をつくることはない、**レストラン専属の「会計士」**のような存在です。

ここで紹介したAIコンサルタント、アノテーター、データサイエンティストは、クライアント側のメンバーが担当することもありますが、ここではベンダー側に分類してみました。

また、この3つのポジションは場合に応じて不在になります。文系AI人材にある程度知識がある場合は、AIコンサルタントがいなくても進行できます。アノテーションが不要な場合は、アノテーターが不要ですし、スタッフのなかに統計的な分析が得意な人がいれば、データサイエンティストがいなくてもプロジェクトを進めることはできます。

ベンダー❷（開発チーム）

開発チームの役割は3つに分けて考える

これまで、開発側の人材のことを、大まかに「AIエンジニア」と表現してきましたが、ここからは、立場や役割に合わせて、機械学習エンジニア、システムエンジニア、プログラマーの3つの呼び名に分けて考えていきます。

文系AI人材がプロジェクトを管理するうえで、「だれに相談するべきか」を明確にしておくことが大切なので、呼び名を細分化してできるだけ正確に伝えていきます。

AIベンダー（開発チーム）

- 機械学習エンジニア
- システムエンジニア
- プログラマー

まず、**機械学習エンジニアとは、機械学習のことを知り尽くした専門家です。**機械学習の学習法を選んだり、アルゴリズムを選択したりする人です。基本的に、AIシステムにかかわること全般について相談する相手は、この機械学習エンジニアです。

ただし、機械学習エンジニアだけでシステム全体を設計することはできません。**システム全体を見渡して管理するのはシステムエンジニアの役割です。**AIシステムをどう組み込めば効果的か、データベースをどのように構築するかなど、AI以外のさまざまな問題について相談に乗ってくれる人物です。

もちろん、実際にさまざまなコードを作成してくれるプログラマーの協力も必要です。**プログラムを組み、修正・調整を行うのはプログラマーの役割です。**

極端な言い方をすれば、機械学習エンジニアが機械学習の部分をしっかり受け持ち、自主的に開発チームのメンバーと連携してくれるようなら、システムエンジニアとプログラマーにAIの知識

(開発チームのキーパーソンは機械学習エンジニア)

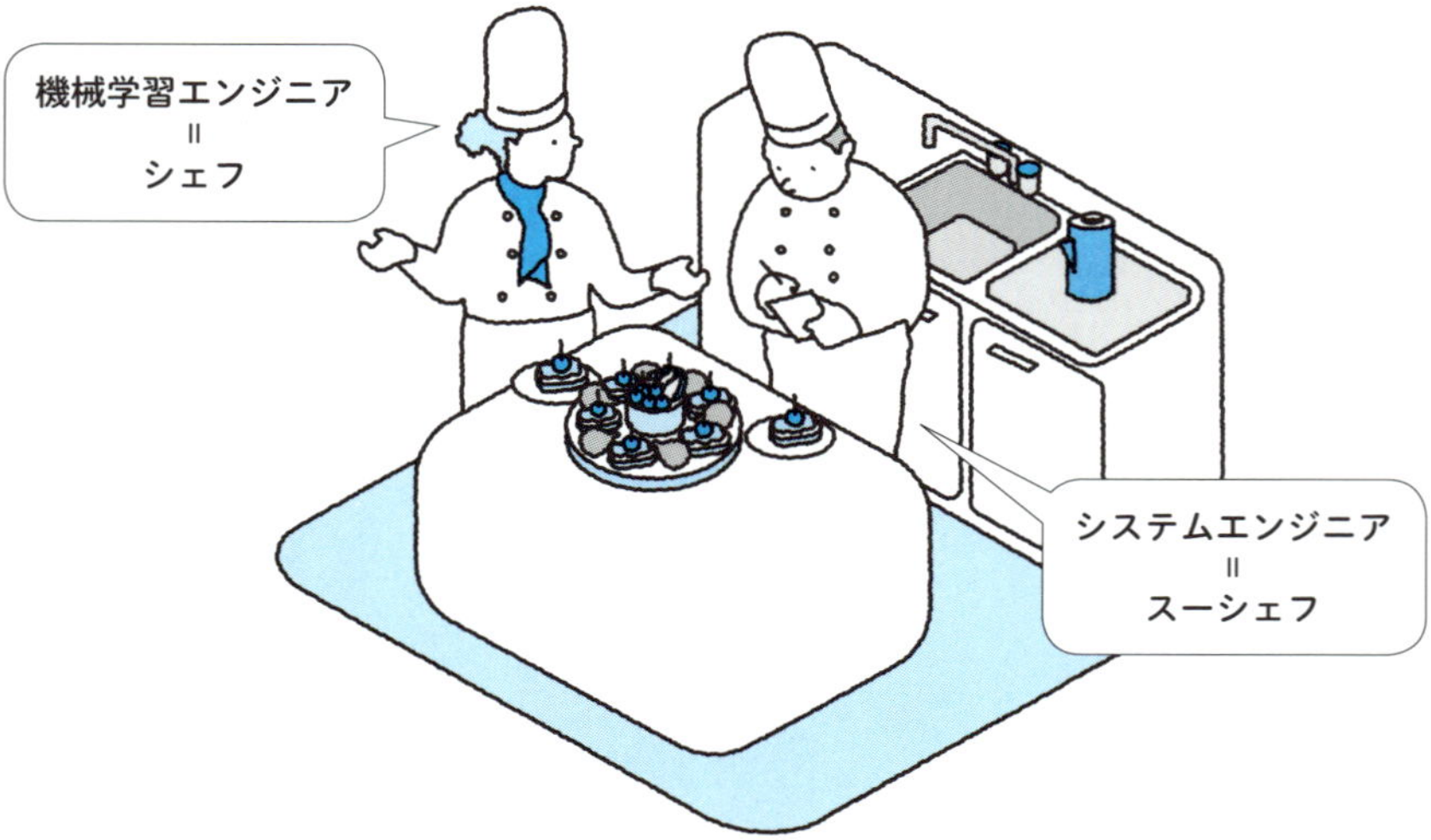

がなくてもシステム開発は進められるのです。

レストランの職種にたとえると、機械学習エンジニアは、メイン料理のレシピを考える腕利きの**「シェフ」**のような存在です。一方、システムエンジニアは、作業全体のバランスを考えながらコース料理のメニューを組み立てる**「スーシェフ（シェフの片腕として現場を仕切る人）」**のような存在です。

シェフとスーシェフがしっかりタッグを組んで仕事を進めれば、**「調理人」**であるプログラマーも安心して腕をふるえます。おいしい料理を手際よく仕上げるためにも、厨房内のチームワークはとても大切です。

AIプロジェクトの運営はレストランの経営のようなものです。メンバー全員がそれぞれの立場、役割を尊重しつつ協力しなければ、レストランを繁盛させることはできないと考えましょう。

AIの学習に必要なデータを準備

文系AI人材を中心に学習データの準備を進める

さて、ここまでの説明で、AIプロジェクトにかかわるメンバーの役割を理解していただけたでしょうか。

次はいよいよAIの「学習データ」を準備する段階に入ります。左ページのロードマップで水色にした第4章「分析力」にあたる部分です。

第3章では、ビジネスの現状をふまえつつアイデアをねって仮説を立てるまでの流れを説明しました。

第4章では、仮説にもとづいて**「どんなデータを用意したらうまくいくか」**を考え、実際に準備するまでの手順を紹介します。

「データ分析↓デジタルデータ」の工程は、文系AI人材を中心に、ほかのメンバーと協力しなが

「データ準備」は開発の直前に行う大切な工程

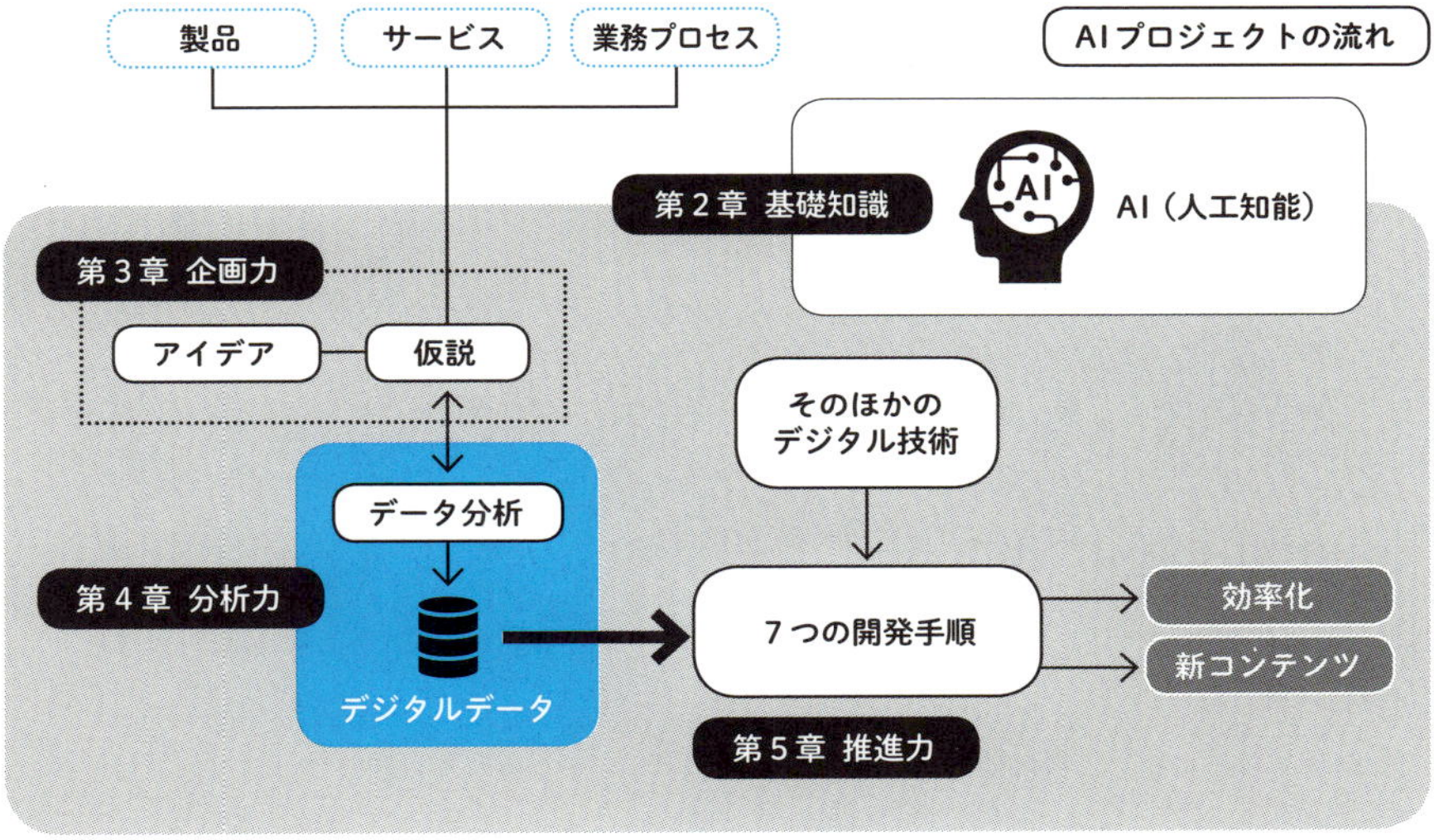

ら進めていきます。

データ準備にかかわるメンバーは次のようにリストアップできます。

① 文系AI人材
② スタッフ
③ AIコンサルタント
④ アノテーター
⑤ 機械学習エンジニア
⑥ システムエンジニア

データ準備におけるキーパーソンは、①文系AI人材のあなたです。社内の同僚・部下にはスタッフとしてあなたを支えてもらいます。そして、客観的な立場からアドバイスしてくれるのが、③AIコンサルタントです。

さらに④アノテーターには、データにラベル付けを行う段階で活躍してもらいます。

（「データ準備」にかかわるのはこのメンバー）

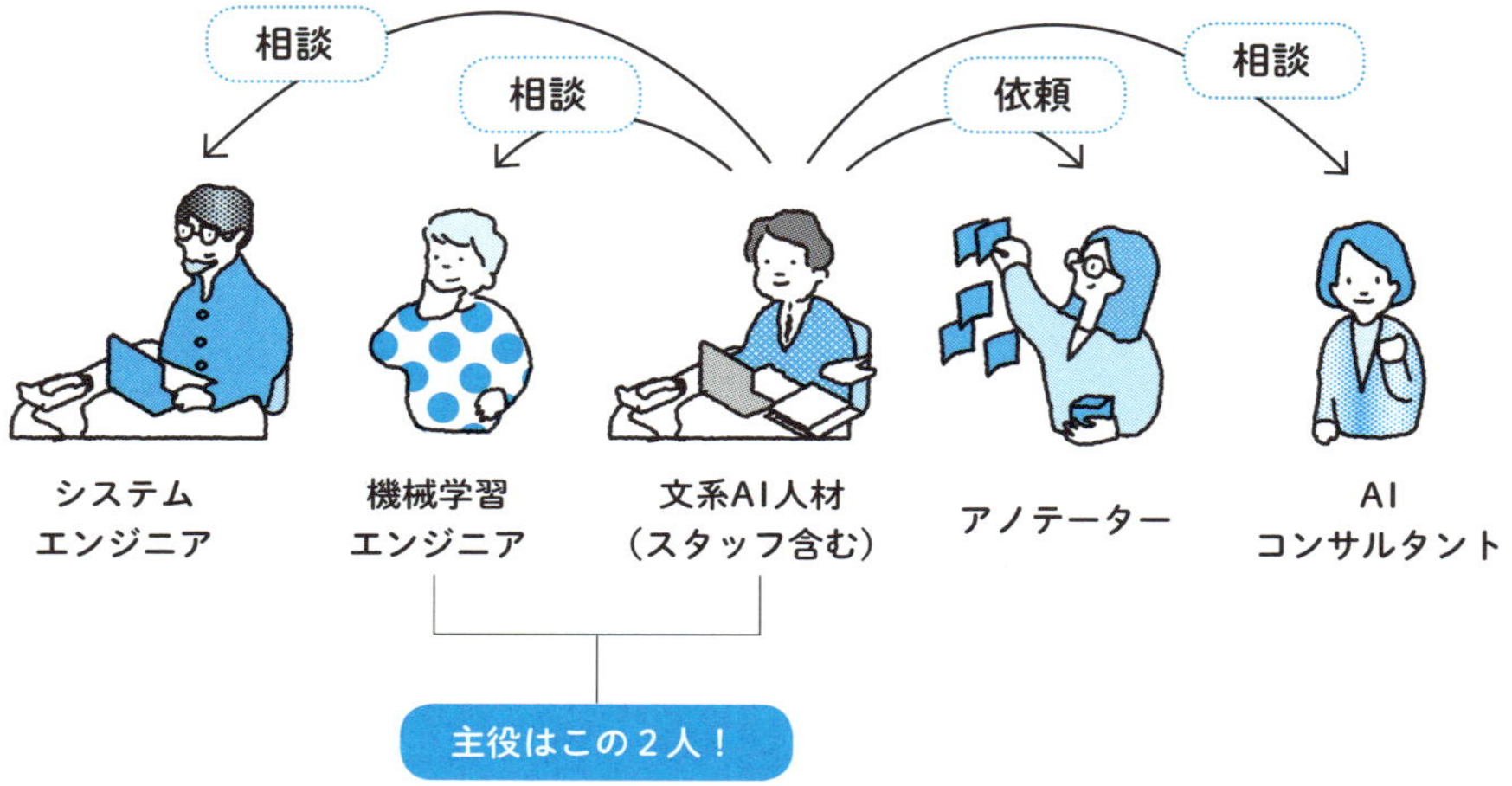

⑤機械学習エンジニアと⑥システムエンジニアには、この段階から相談に乗ってもらい、情報を共有しましょう。データの準備はクライアント側の工程ですが、**どのようなデータがどのくらい必要か**を的確に判断できるのは機械学習エンジニアです。

そもそも「データ」とは何か？

文系AI人材を中心に、機械学習エンジニアやシステムエンジニアと相談してデータの準備を進めることはわかりました。

でも、待ってください。そもそも、データとはどんなものでしょうか。

コンピュータで活用するデータなので、デジタルデータであることは間違いありません。そして、**デジタルデータとは「コンピュータが読める**

形式のデータ」のことです。

コンピュータは「０」、または「１」しか理解できません。ですから、どんなデータも「０」と「１」を組み合わせて、コンピュータが読める形式に変換する必要があります。

たとえば、スマホで今日のランチの写真を撮影したとします。スマホで撮影した写真はデジタルデータなので、そのままコンピュータに読んでもらえます。

この場合、コンピュータはランチの写真を数値（「０」と「１」の組み合わせ）として認識しています。人間なら写真をひと目見ただけで、色や明るさ、大きさなどを認識して、「おいしそう！」と言えます。

でも、コンピュータは写真のなかのある１点の色、明るさを数値に置き換えて認識しているだけです。人間のように対象の全体像をつかんでいるわけではありません。

当たり前のことのように思えますが、この違いをときどき忘れそうになります。「ＡＩは頭がいい」などと擬人化されることも多いので「人間ができることはなんでもできる」と考えてしまいがちですが、実際には、認識の方法そのものに大きな違いがあるのです。

ＡＩで使える５つのデジタルデータ

データを用意する場合、コンピュータ側が認識できるデジタルデータにしなければならないことはわかりました。では、デジタルデータには、どんな種類があるのでしょうか。

一般的に、次の５つに分けて考えれば大丈夫です。

（人間ができることを同じようにできるわけではない！）

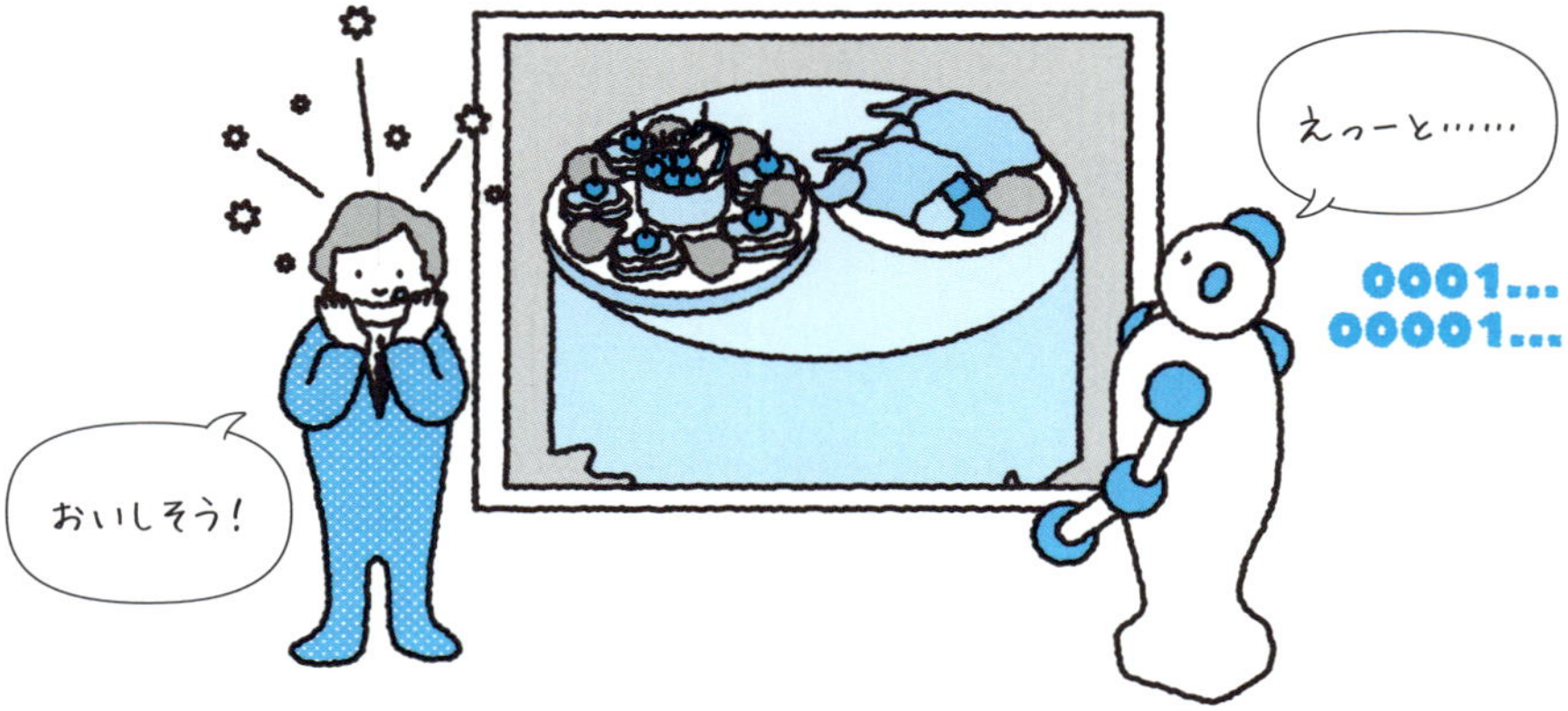

- テキストデータ
- 数値データ
- 動画データ
- 画像データ
- 音声データ

一般的に「デジタルデータ」と聞くと、プログラミングで使用するテキストデータや数値データを連想しますが、それだけではありません。動画データや画像データ、音声データもデジタルデータです。

また、それぞれのデジタルデータに、さまざまなファイル形式や圧縮形式が用意されていますが、共通しているのはすべて「数値化されている」点です。つまり、**数値化できないデータをコンピュータに入力しても、認識できない**のです。

機械学習ではコンピュータのプログラムを使ってデータを処理します。そのため、どんなデータも「数値化できること」が前提となります。つまり、どんなに貴重なデータでも、数値化できないデータは役に立たないと考えましょう。

ちなみに、このように数値化することを**「定量化」**と呼ぶ場合もあります。

データを加工して「使える状態」にする

データを集めるだけでは使えない

ここからは、「教師あり学習」を前提に、データ準備のためにやるべきことを具体的に解説していきます。

舞台は会社の会議室。会議の出席者は文系AI人材のあなた、機械学習エンジニア、AIコンサルタントの3人。議題は「データ準備の方向性を決める」。あなたは社内に蓄積されたデータをかき集め、事前にほかの2人に開示しています。

そして、1時間ほど議論した結果、「そのまま使える状態のデータ」が存在しないことがわかりました。とても残念な結果ですが、めずらしいことではないので、がっかりする必要はありません。むしろ、**社内のデータをそのまま使えるほう**

がレアなケースと言えるでしょう。

AIに学習してもらい、きちんとした成果をあげるためには、質の高いデータが大量に必要です。では、データの質や量が足りない場合、「やっぱりAIなんてうちには無理だ」とすんなりあきらめるべきなのでしょうか。

この場合、解決策は3つあります。

解決策1 クレンジングで質を上げる
解決策2 公開データセットを活用する
解決策3 データセットを新たに作成する

以下、具体的に説明してみます。

解決策1 クレンジングで質を上げる

クレンジング、または**データクレンジングとは、データの不要な部分を削除したり、ふぞろいの部分を統一したりして、機械学習に適した形に整える作業**です。

機械学習にかぎらず、コンピュータでデータを処理する場合は、クレンジングの過程が必要になります。

たとえば、社内のデータベースに過去の顧客データが保存されていると仮定します。一般的に顧客データはビジネスにとってとても重要な情報ですが、「そのまま使える状態」でストックされているとはかぎりません。

具体的には、以下のようなデータの状態です。

- **半角と全角の文字が混在している**
- **正式名称と略称が混在している**
- **異なる名前で同じ顧客が登録されている**
- **保存されているデータ形式が異なる**

見かけは質が悪くて使えそうにないデータでも、すぐにあきらめる必要はありません。クレンジングを行うだけで、使えるデータに変化する可能性があるからです。

破損したデータ、不正確なデータ、一見すると無関係に思えるようなデータでも、クレンジングによって復活する可能性があることを覚えておきましょう。

機械学習エンジニアに相談すれば、よい方法を提案してもらえるかもしれません。

解決策❷

公開データセットを活用する

インターネット上には、無料または有料で利用できる機械学習用の「データセット」が公開されています。国内で公開されているデータセットは数がかぎられていますが、海外で公開されているデータセットも含めると、かなりの選択肢があります。種類も以下のように多彩です。

①テキストデータ
②動画データ
③画像データ
④音声データ
⑤専門的なデータ

①テキストデータとしては、電子メール、スパムメール、ニュース記事、映画のレビューなどのデータセットが提供されています。②動画データには、調理の動画、ドライビングを記録した動画、人のジェスチャーを集めた動画などのデータセットが含まれます。

③画像データのデータセットには、人の顔の画像、手書き文字、室内写真、ファッションに関する画像などがあり、④音声データとしては、会話

やスピーチに関するデータセットが公開されています。

⑤専門的なデータとしては、ゲノム情報、脳のMRI画像、仮想通貨の相場などに関するデータセットが用意されています。

また、このような公開データセットの利用を検討するときは、それぞれのライセンス（利用許諾）の条件をきちんと確認しましょう。「用途が商用の場合はNG」という場合もあるので、注意が必要です。

解決策❸ データセットを新たに作成する

最後は必要なデータセットを新たにつくるという方法です。新たに取得したデータにクレンジングを行い、**ラベルを付けて、教師あり学習のための学習データをつくります。**

この作業を「アノテーション」と呼ぶことはすでに説明しましたよね。

アノテーションとは、もともと「あるデータに対して関連する情報を注釈として付与する」ことです。

先ほどのクレンジングの過程も含めて、データを用意すること全般を「アノテーション」と呼ぶ場合もありますが、この本では、アノテーションを**「教師あり学習の学習データなどを作成する作業」**という意味で使います。

アノテーションにかかるコストは、規模によって異なります。

何人かで手分けして手動でラベル付けをする、自動でラベル付けするアノテーションツールを利用する、手動と自動を組み合わせるなど、さまざまなアプローチが考えられますが、次の項から、比較的小規模なアノテーションを手動で行う場合を例にして、具体的な流れを説明していきます。

大量のデータを正確にラベル付けする

アノテーションはAI開発においてとても大切

実際にラベル付けをするのはアノテーターの仕事ですが、**ラベル付けのルールを決めるのは文系AI人材の仕事です。**

では、ここから、手動でアノテーションを行う手順を5つに分けて説明します。

①ラベルの付け方を確認
②アノテーションマニュアルの作成
③アノテーターに発注
④途中でデータチェック
⑤最終的なデータ確認

はじめに着手するのは「**①ラベルの付け方を確認**」です。アノテーションのルールを決定するのは文系AI人材ですが、アノテーションをスタートする前に、ラベルの付け方について機械学習エンジニアに確認しておきましょう。

アノテーションの作業がムダにならないように、「こんなデータに、こんな形でラベルを付けようと考えている。これで大丈夫？」と率直に聞いてみます。このとき、データの量やデータ形式（CSV、TSVなど）も確認しておけば、お互いにスムーズなやり取りができます。

次に着手するのが**「②アノテーションマニュアルの作成」**です。これは、ラベル付けを行うルールを説明するマニュアルです。アノテーターに作業を依頼するとき、このマニュアルを手渡して説明します。

そのため、**だれが見ても誤解なく同じ結果が出るように、わかりやすく書くことが大切です。**

アノテーションマニュアルの作成は、（可能であれば）文系AI人材が担当します。ひとりで行うのが難しいようであれば、AIコンサルタントや機械学習エンジニアに相談して、助けてもらいましょう。

時間的に余裕がなければ、アノテーションを請け負ってくれる会社に頼む方法もありますが、丸投げはしないほうがよいでしょう。

アノテーションを終えたデータセットを確認するのは文系AI人材の仕事なので、最低限「どんな方針でアノテーションを行うか」を把握しておくことが大切です。

アノテーションマニュアルの作成法は、次ページのケーススタディで解説します。

そして、**「③アノテーターに発注」**は、マニュアルの内容を正確に伝えるための手順です。

アノテーターを全員集めて、プレゼンしてもよいのですが、一般的にはアノテーターの代表者に説明し、ほかのアノテーターに伝達してもらうことが多いようです。

「④途中でデータチェック」は、作業がマニュアル通りに進行しているかを確認する手順です。作業がスタートした直後にいくつかサンプルを出してもらい、「このまま作業を続けてＯＫか」を判断します。

早めの段階で確認させてもらったほうが、やり直しや修正の手間がはぶけるからです。

この段階で大きな食い違いがある場合は、アノテーターの代表者と直接話し、軌道修正してもらいましょう。

最後の**「⑤最終的なデータ確認」**は、データ納入時の確認作業です。データ量が多い場合、すべてのデータをチェックすることが難しい場合もありますが、データの質は学習の精度に大きな影響を与えます。

できるだけ時間をかけて、ていねいに確認するようにしましょう。

ケーススタディ

通販サイトのチャットボットの場合

では、ここから、アノテーションマニュアルの作成法を紹介します。

実際に**「こうすればＯＫ」というパターンのようなものはない**ので、この実例を参考に、自分のケースに当てはめて考えてみてください。

ここでは、ＥＣサイトのコールセンター業務を改善するために、お客様の問い合わせに自動で回答するチャットボットを開発するケースを例にして考えます。

機械学習エンジニアと相談した結果、アノテーションで10000個のデータを用意することになりました。ラベル付けの対象になるデータは、過去のお客様の質問文です。

このECサイトでは、これまで、お客様の質問に対して手動で回答していたため、あらゆるパターンの回答がストックされていました。この状態でアノテーションのために用意するデータは以下のようになります。

データ①　お客様の質問文……10000件
データ②　過去の回答文例……1000件

「データ①お客様の質問文」は順不同でかまわないので、テキストデータとしてまとめておきます。「データ②過去の回答文例」は、エクセルなどを利用して表にまとめ、それぞれの回答に回答番号を記入しておきます。このとき、回答の内容に従って分類しておくと、作業効率が上がります。

データ①②が準備できたら、アノテーションのための表を作成します。

次ページの表を参照してください。

B列に質問文を入力して、A列の質問番号00001～10000で管理します。もちろん、何人かで手分けする方法もありますが、ここでは、ひとりで作業すると仮定します。

C列は、質問文を分類するための列です。具体的には、以下のいずれかに該当する場合、その内容をC列に記入します。

- **複数の質問が含まれる場合……複数質問**
- **質問の意図が不明な場合……意図不明**
- **個人情報が含まれる場合……個人情報**

この3つに該当する質問文には「×」印を付けておくだけでもOKですが、ここでは「複数質問」

(ラベル付けするデータはエクセルの表で整理する)

A列	B列	C列	D列
質問番号	質問文	質問文分類	回答番号
00001	商品はいつ届きますか？		003
00002	配送先の住所を変える方法は？		011
00003	商品をキャンセルして、アカウントも削除したい。	複数質問	
00004	ぶじ注文できましたよ！	意図不明	
00005	大西可奈子のアカウント情報を変更したい。	個人情報	
00006	送料はいくらですか？		019
00007	返品の方法を教えて。		088
00008	サイズ交換はできますか？		072
00009	商品が汚れていた。サイズも違うが気に入った。	複数質問，意図不明	
⋮			
⋮			
10000			

「意図不明」「個人情報」の文字を記入することをルールにしました。

また、質問番号00009の行のC列には、「複数質問，意図不明」と記入されていますが、これはC列の質問文分類において**「該当する項目が複数ある場合は半角カンマでつないですべて併記する」**というルールを事前に決めておいたからです。

さらに、C列への記入がない行には、質問文に最適な回答を選んで、D列に回答番号を記入します。この回答番号とは、事前に整理しておいたデータ②の番号（過去の回答文例）です。

この場合、**B列の質問文に対応する最適な回答文を探してD列に番号を記入すること**で正解を示しているわけです。

このルールに従って10000の質問文を処理すれば、アノテーションは完了です。

どうですか？　それほど難しい作業ではないこ

とがわかってもらえたでしょうか。

ここまで説明した手順を文書にまとめれば、アノテーションマニュアルは完成します。

読む側の立場でマニュアルを作成しよう

さらにここで、アノテーションマニュアルを作成するときの注意点を述べておきます。

自分でマニュアルを作成するときは、次の視点でチェックしてみましょう。

- ルールは矛盾していないか
- あらゆるパターンを想定しているか
- 具体例をわかりやすく示しているか

はじめから完璧なマニュアルを作成するのは難しいかもしれません。自分では「完璧」と思っていても、のちのちヌケ・モレが見つかることもめずらしくありません。

作業の途中で「この場合はどうするの？」と質問されてはじめて気づく場合もあります。そんなときは加筆・修正して、できるだけ早くアノテーターにフィードバックしましょう。

また、個人の主観や解釈（きれい／汚い、おいしそう／まずそう）などによる判定を利用してアノテーションをする場合は、具体例をたくさんあげておくことも大切です。**個人の主観や解釈のブレを最小限にする**ことが、学習データの質の向上につながります。このブレを小さくするために、主観や解釈にまつわる部分を多数決で決めるケースもあります。

さらに、時間に余裕がある場合は、アノテーションマニュアルのルールに従って、自分でアノテーションを実行してみることをおすすめします。実際にやってみることで、ルールに記載できていなかったことや矛盾点に気づくことも多いからです。

主観を頼りにするアノテーションとは？

ここで、アノテーターの主観や解釈を頼りにするアノテーションについて、例をあげて説明しておきましょう。

スーパーマーケットの野菜は「見た目」が大切です。鮮度がよくおいしそうに見える野菜はたくさん売れるはずです。逆に、おいしそうに見えない野菜は売れ残ります。

そこで、トマトを例に、**「おいしそう」「おいしくなさそう」を判定するAI**を開発すると仮定します。

どんなデータが必要でしょうか？

まず、大量のトマトの画像が必要ですね。

そこで、店頭に並んでいるトマトを撮影して、画像を1000枚集めたと仮定します。

どんなアノテーションが必要でしょうか。

これは簡単ですよね。

1000枚の画像に対して、ひとつずつ「おいしそう＝1」「おいしくなさそう＝0」とラベルを付けてもらえばOKです。1000枚の画像にそれぞれのラベルを付ければ、トマトが「おいしそうに見えるかどうか」を見分けるAIが開発できそうです。

でも、**たったひとりの主観や解釈**をすべて信用してもよいのでしょうか。アノテーターのAさんが、たまたま「おいしそう（おいしくなさそう）」と思っただけかもしれません。

そこで、より客観性を持たせたデータにするために、さらに4人のアノテーターに参加してもらいました。そして、計5人に同様のアノテーショ

人数を増やして客観性のあるデータにする

○＝おいしそう、×＝おいしくなさそう

トマトの画像	Aさん	Bさん	Cさん	Dさん	Eさん	判定
画像❶	○	○	×	○	○	○
画像❷	×	○	×	×	×	×
画像❸	○	×	×	○	×	×

おいしくなさそう

ンを行ってもらったところ、結果は上の表のようになりました。

5人の結果を多数決で判定したところ、画像①＝○（おいしそう）、画像②＝×（おいしくなさそう）の結果は、Aさんがひとりで判定したときと同じでしたが、画像③の結果は○（おいしそう）から×（おいしくなさそう）に変わりました。「おいしそう」「おいしくなさそう」は、あくまでも主観的な判定ですが、このように同じデータを複数の人で評価することで、より客観的な判断ができるAIを開発できるのです。

アノテーションを外注したいがコストが気になる！

ではここで、手動でアノテーションを行う場合、どのようにコストを算出したらよいかを考えてみましょう。

アノテーションの工数（必要な作業量）は次の4つの条件によって変化します。

- **データの総数**
- **ラベルの種類**
- **アノテーターの人数**
- **納期**

データの総数を決めるときは、事前に機械学習エンジニアに相談します。まずは、学習データがどれくらい必要かを考えてもらいましょう。

「教師あり学習」では、**はじめに使う学習データの質が重要です。**

「質の低い大量」の学習データを使うよりも、「質の高い少量」の学習データを使ったほうが精度が上がることが多いからです。

また、開発をスタートさせる段階で、完璧な学習データやテストデータを用意できなくてもかまいません。開発を進めながら、段階的にデータをそろえていくほうが現実的な場合もあります。

また、ラベルの種類がいくつになるかを予測することも大切です。

たとえば、テキストの内容から「感情」を予測するAIを開発するなら、1000個の文章に対して「ポジティブ=1」または「ネガティブ=0」の数値をラベルとして付けるだけで事足りてしまうかもしれません。1000個の文章を読んでどちらかの記号を付けるだけなら、アノテーターがひとりでもできてしまうでしょう。

文章の長さにもよりますが、納期は1週間あれば十分でしょう。

つまり、アノテーションにかかるコストは、次のように見積もれます。

- **データの総数……学習データ1000個**

●ラベルの種類……2種類
●アノテーターの人数……ひとり
●納期……1週間

これなら、アノテーターの日給を決めるだけでOKですよね。

もし、バイアス（個人的なかたより）を減らすために、アノテーターの人数を3人にしても、「×3」で計算できます。

実際には、ほかの手順が必要になる場合もありますが、まずはシンプルに考えてコストを試算してみましょう。

学習モデルの評価方法を教えて！

AIの精度はどこまで求めればいいの？

開発コストを試算するときは、先輩や上司に意見を聞いて、もっとも確からしい数字を導きます。わからないことはどんどん質問して、コストがかかる理由やコストを試算する方法も聞いてしまいましょう。

基本的には取材するような姿勢で問題ありませんが、**「AIに求める精度」だけは文系AI人材が決めます。**この精度が直接ビジネスの根幹にかかわることだからです。

まず「AIの精度を何％まで高める必要があるか」を冷静に考えてみましょう。

AIの精度が「高ければ高いほどいい」と考えるのは当然です。でも、高い精度を求めれば求めるほど、開発コスト、つまりプロジェクト全体の

「最低限の精度」はAIの使いどころで変わる

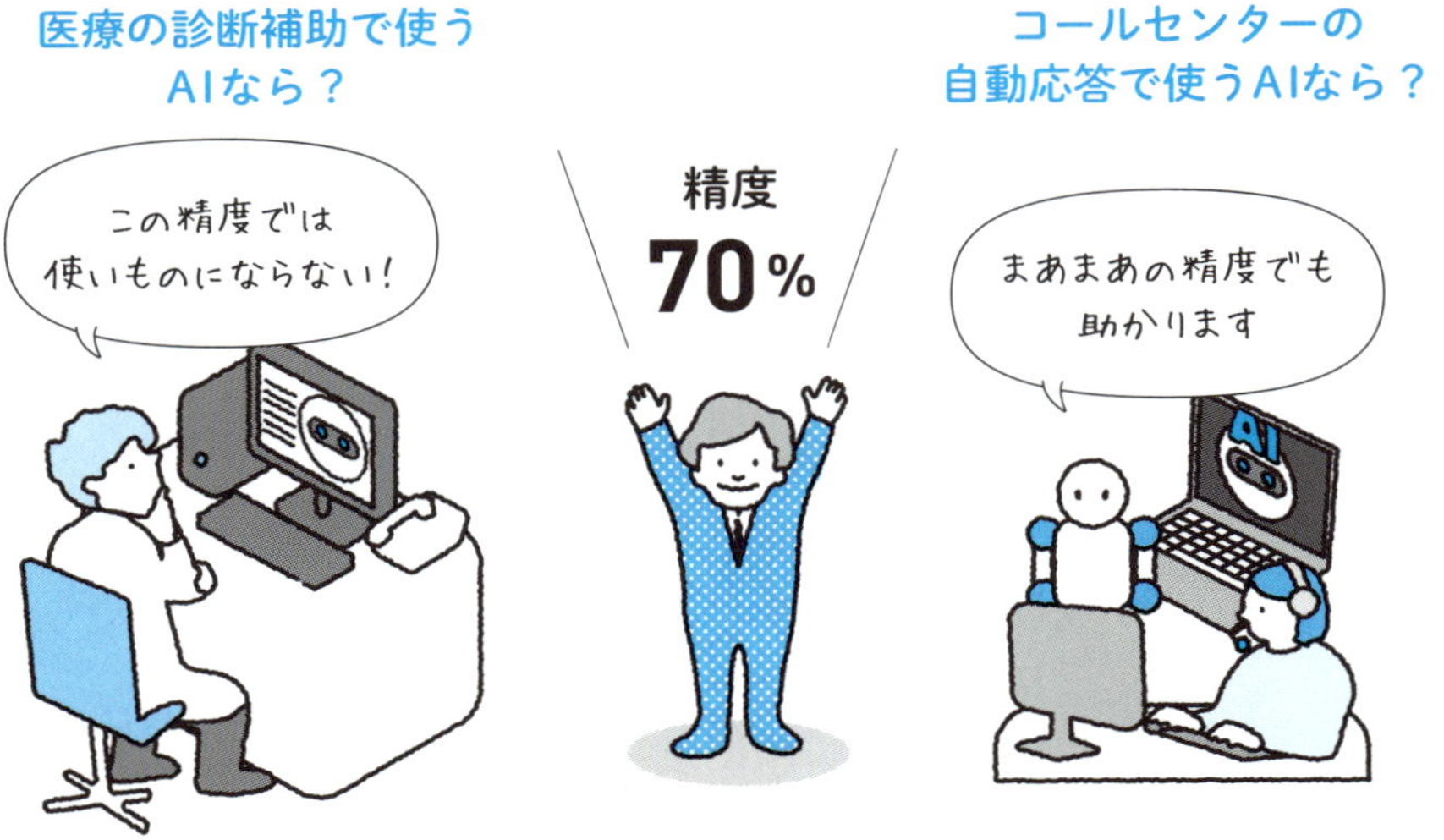
医療の診断補助で使うAIなら？
この精度では使いものにならない！
精度
70%
コールセンターの自動応答で使うAIなら？
まあまあの精度でも助かります
AI

予算は跳ね上がります。

たとえば、コールセンターのAIによる自動応答システムなら、精度80%前後で実用化できるのではないでしょうか。AIが判定ミスをしたとき、コールセンターのスタッフがフォローする態勢をとれるなら、70%程度でも問題なく使えるはずです。

一方、医師の診断補助としてAIによる検知システムを開発するなら、90%の精度でも足りないはずです。今のところ、AIが医師の代わりに診断を下すことはありませんが、70%前後の精度では、現場を混乱させてしまうだけでしょう。

このように、**AIシステムの用途によって求められる最低限の精度は変化します。**

100%に近い精度が求められる場合もあれば、60%程度の精度で実用化できる場合もあるのです。

「たかが数%の違い」とあなどることはできませ

ん。その数%を上げるために、これまでの何倍もの開発コストがかかるようなケースもあります。最悪、2倍のコストをかけても精度が１%も上がらなかった……というケースも考えられます。

文系ＡＩ人材に求められるのは**「最低限○%の精度があればビジネスが成立する」**とメンバー全員に知らせることです。

この精度がわかれば、機械学習エンジニアも具体的な工数を予測しやすくなりますし、「目標を達成してやる！」というモチベーションがわきやすくなります。

そして、この**「最低限の精度」はプロジェクトの成否を決める分岐点**になるのです。

開発コストを試算する際に、この「最低限の精度」を数字でメモしておきましょう。

ＡＩの精度はどうやって判定するの？

それでは、ＡＩの精度とは、そもそもどうやって判定するのでしょうか。

「教師あり学習」の場合、事前に学習データ（正解データ）を用意するため、「何%正解したか＝精度」と考えがちです。

「全体のなかの正解率＝精度」は間違いではありませんが、**完成したＡＩを評価する方法はひとつではないこと**を覚えておきましょう。

たとえば、**入力データを「正」か「負」で判別して出力する「二値分類」**の課題では、「混同行列」のマトリクスで性能を評価します。

画像が「ネコかネコではないか」を判定するＡＩシステムを開発する場合、この混同行列に当てはめると、次のようになります。

（正の真、負の偽、正の偽、負の真の4つに分けて考える）

●混同行列

		予測	
		ネコ	ネコではない
正解	ネコ	A ネコだと予測！ネコだった **正の真**	B ネコではないと予測！ネコだった **負の偽**
正解	ネコではない	C ネコだと予測！ネコではなかった **正の偽**	D ネコではないと予測！ネコではなかった **負の真**

横の軸は「予測」、縦の軸は「正解」とすると、ネコと予測してネコだった場合は「A＝正の真」、ネコではないと予測してネコだった場合は「B＝負の偽」、ネコと予測してネコではなかった場合は「C＝正の偽」、ネコではないと予測してネコではなかった場合は「D＝負の真」となります。

この混同行列では、以下の4つの数値を算出して評価します。

- 正解率（Accuracy）
- 適合率（Precision）
- 再現率（Recall）
- F値

順番に解説します。

まず**正解率**とは、全体のなかの「A正の真＋D負の真」の割合を示す数値です。「正＝ネコと予測した場合」と「負＝ネコではないと予測した場合」の正解の確率を加算します。

正解率だけで判定すると、もともとのデータにかたよりがある場合、正確な評価ができない可能性があります。

たとえば、入力したデータの90％がネコの写真だった場合、（実際には何も判定せずに）すべてをネコと判定しても、正答率が90％に達してしまうからです。

そのため、正解率だけではなく、適合率や再現率で判定する必要があるのです。

「正の真」の割合にこだわるのが適合率

適合率とは、ネコと予測した場合のみの正解の割合を示す数値です。「A正の真＋C正の偽」を全体の数として、「A正の真」の割合を出します。

「ネコ」と予測した場合に限定して、どの程度正解できたかを判定します。

これは、**「ネコである」と予測したときの精度を重視したいときの指標**です。

たとえば、「ネコ＝スパムメール」だった場合、スパムメールと判定されたメールをもう一度チェックすることはほとんどないので、ここに仕事のメールがふり分けられてしまうと、とてもやっかいなことになります。

つまり、スパムメールが仕事のメールと判定されるのはある程度はしかたがないとしても、「スパムメール」と判定されたメールはできるだけ高い確率でスパムメールであってほしい、と考えるわけです。そんなときは、正解率のほかに、この適合率の指標を重視して判定します。

正解の見逃しを防ぐには再現率、バランスを考えるときはF値

次の再現率は、データに含まれる「ネコ」のうちのいくつを「ネコ」として判定することができたかの割合を示す数値です。「A正の真＋B負の偽」を全体の数として、「A正の真」の割合を出します。

こちらは、「ネコ」を絶対に見逃したくない場合に重視する指標です。

たとえば、「ネコ＝胃潰瘍」だった場合、「胃潰瘍」という結果を見逃さないことが大切です。そこで、ある程度「胃潰瘍ではなかった」が含まれていても、ほぼすべての胃潰瘍を胃潰瘍として判定することが求められます。

そんなときは、正解率のほかに、この再現率の指標を重視して判定します。

このように、適合率を重視するか、再現率を重視するかは、学習モデルがあつかうデータによって変わります。

この適合率と再現率は、片方を重視するともう片方がおろそかになってしまうというトレードオフの関係にあります。

そして、そのバランスを見るための数値がF値です。F値は、適合率と再現率の調和平均（比を表すものの平均を求める際に用いる方法）として定義されます。このF値は、適合率と再現率のバランスを見る指標なので、「F値が高い＝高性能」ではありません。

機械学習の学習モデルを混同行列で評価するときは、正解率、適合率、再現率、F値の数値をすべて参照します。プロジェクトの目的によって重視すべき指標は変わりますが、どれかひとつの数

（「混同行列」で評価するポイントを整理しよう！）

正解率

どれだけ正解だったか、
全体の割合を見る

		予測	
		ネコ	ネコではない
正解	ネコ	A ネコだと予測！ ネコだった 正の真	B ネコではないと予測！ ネコだった 負の偽
	ネコではない	C ネコだと予測！ ネコではなかった 正の偽	D ネコではないと予測！ ネコではなかった 負の真

適合率

「ネコ」と予測したときの
正解率にこだわる！

		予測	
		ネコ	ネコではない
正解	ネコ	A ネコだと予測！ ネコだった 正の真	B ネコではないと予測！ ネコだった 負の偽
	ネコではない	C ネコだと予測！ ネコではなかった 正の偽	D ネコではないと予測！ ネコではなかった 負の真

再現率

「ネコ」の正解を
どれくらい見つけられたかにこだわる！

		予測	
		ネコ	ネコではない
正解	ネコ	A ネコだと予測！ ネコだった 正の真	B ネコではないと予測！ ネコだった 負の偽
	ネコではない	C ネコだと予測！ ネコではなかった 正の偽	D ネコではないと予測！ ネコではなかった 負の真

F値

適合率と
再現率のバランスを見る

		予測	
		ネコ	ネコではない
正解	ネコ	A ネコだと予測！ ネコだった 正の真	B ネコではないと予測！ ネコだった 負の偽
	ネコではない	C ネコだと予測！ ネコではなかった 正の偽	D ネコではないと予測！ ネコではなかった 負の真

混同行列の4つの数値を見るポイント

- 正解率だけで判断できないときに混同行列を見る
- 適合率と再現率のどちらを重視すべきかを考える
- 適合率と再現率のバランスを判定するのがF値

値を見ればよいというわけではなく、**この4種類のすべての数値を参照する必要がある**、と考えてください。

ここまで、教師あり学習の「二値分類」の課題でよく使われる、混同行列について解説してみました。

これはあくまでも、分類モデル（真偽を分けるモデル）の性能評価で使われる指標です。

回帰モデル（連続する数値を予測するモデル）を評価するときは、決定係数、平均二乗誤差、二乗平均平方根誤差などの指標で評価します。

こちらの指標を理解するためには、統計学の知識が必要なため、ここでは省略しますが、**学習モデルを評価する方法はたくさんあること**だけは覚えておいてください。

データセットの種類と使い方

機械学習で使用する３種類のデータセット

さて、ここまで教師あり学習のデータセットを用意する方法と、精度の評価方法を説明しました。ここでは、機械学習で使用する「データセット」の用途について説明しておきましょう。

データセットとはデータの集合体のことです。一般的に機械学習では、複数のデータセットを用意します。

データセットは、おもに機械学習の学習モデルをつくるために使用されますが、それだけで開発が完了するわけではありません。学習モデルの精度を確かめたり、本番に近い環境でテストしたりするためには、別にデータセットを用意しておく必要があります。

たとえば、教師あり学習では、以下の３つのデータセットが必要になります。

- **学習データ（トレーニングセット）**
- **検証データ（バリデーションセット）**
- **テストデータ（テストセット）**

学習データは、はじめに利用されるもっとも量が多いデータセットです。これをコンピュータに学習してもらい、複数の試作モデルをつくります。いくつつくるかはそのときどきで変わりますが、ここでは2つ、試作モデル①と、試作モデル②を作成したと仮定します。

次の**検証データは、試作モデルのパフォーマンスを確かめるために使います。**検証データを試作モデル①と試作モデル②に入力して、「どちらがすぐれているか」を判断します。このとき、機械学習で使用したアルゴリズムの動きを制御するパラメータを調整してチューニングを行う場合もあります。

ここで覚えておきたいのは、**検証データは、学習データとは違う別のデータを改めて用意するということ。**学習モデルをつくるための学習データを再利用すれば、よい結果（高い精度）が出るのは当然です。それでは、精度を検証したことになりません。検証データは必ず別のものを用意してください。

たとえば、ここでは、試作モデル①の性能が上回っていたため、そちらを選択しました。

結果は次の通りです。

- **試作モデル①の精度……85%**
- **試作モデル②の精度……70%**

ここで注意したいのは、この「85%」が最終的

教師あり学習では３種類のデータを活用

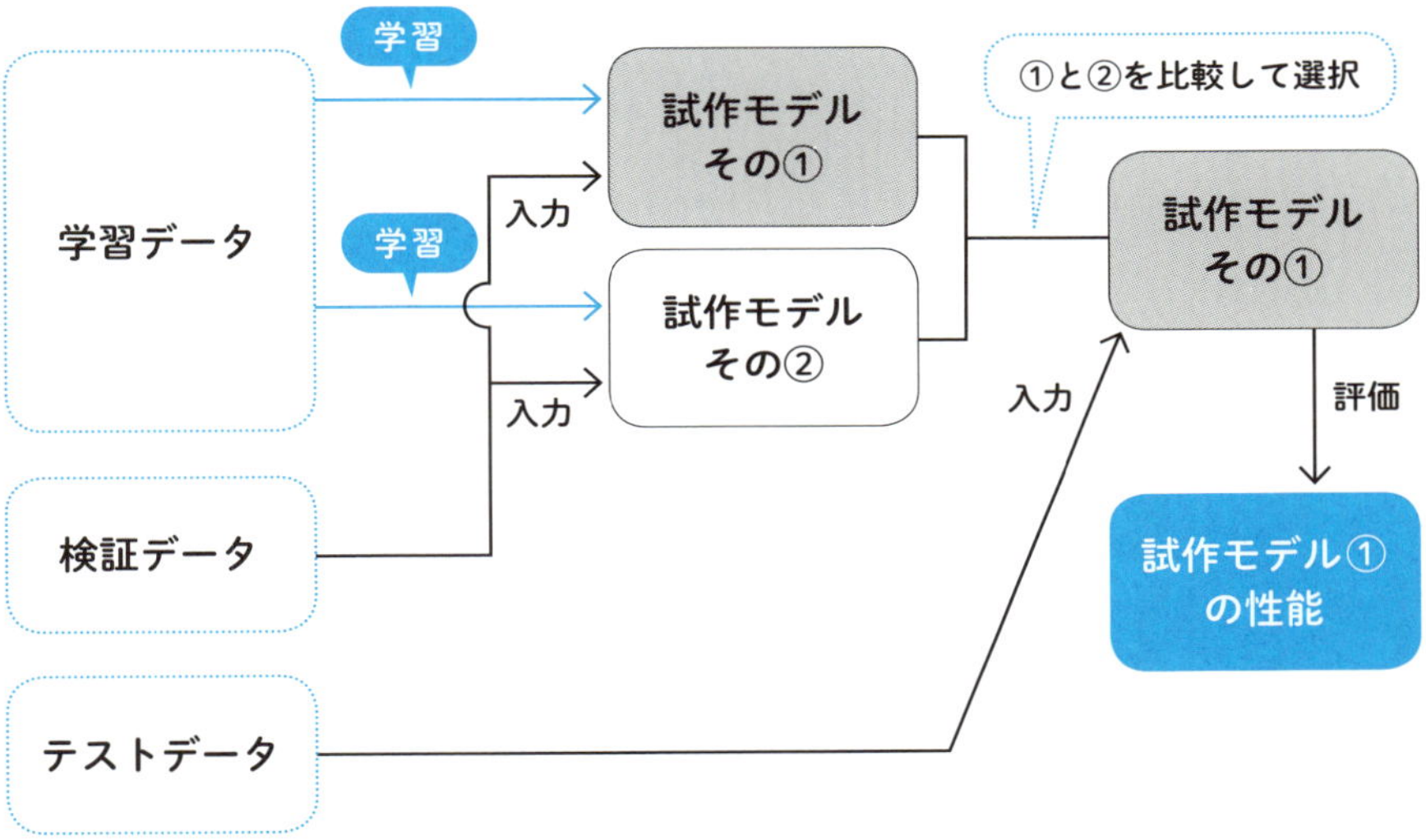

な精度ではないということ。最後にもう一度、テストデータを入力して評価します。**テストデータは実際のサービスや商品にできるだけ近いもの**を用意します。

たとえば、教師あり学習でECサイトの偽物の出品を見分けるAIシステムをつくるなら、実際に含まれている偽物の割合（たとえば5％）に近い状態のテストデータを用意します。

このとき、「真：50％／偽：50％」など、実状とはかけ離れた比率のデータをテストデータにしてしまうと、導入時の性能と大きくかけ離れてしまう可能性があるからです。

このように、教師あり学習の開発に使うデータセットは学習データ、検証データ、テストデータの3つに分けて考えます。

それぞれ別のデータを用意する必要があるので、用意するデータの量は「合算」して考えましよう。

AIの学習方法やアルゴリズムによって必要なデータの量は異なりますが、大まかに言えば、**学習データが「10000」の場合、検証データもテストデータも「1000」くらい必要になる**……と考えたほうがいいでしょう。

思考トレーニングで発想を広げよう

この章では、データ分析の段階でコストの試算が必要であることを説明しました。そして、コストを算出するために、データを分析する方法を決める必要があることも解説しました。そして、アノテーションマニュアルのつくり方も紹介しました。

自分のプロジェクトに利用できる技術かどうかを判断するためには、つねにAIに関する最新情報を入手しておくことが大切です。

そして「新しくつくるもの」を発想するために、AI関連のニュースを目にしたとき、**「どんなデータを使ってどのように課題を解決したのだろう」**と考えてみることをおすすめします。

それが正解か不正解かは別にして、そのように考えてみることが、発想を広げるよい思考トレーニングになることは間違いありません。

最後に、まとめとして、データ準備のための記入シートを用意しました。

第3章で決めた目標を確認してから、①AIに求める精度、②データ素材、③クレンジングの方法、④アノテーションの方法をメモしておきましょう。③④がすぐに思いつかなければ空欄にしておき、機械学習エンジニアに相談して決めましょう。

データ分析の段階で文系AI人材に求められる

（データ準備のためにメモをとっておこう！）

❶ AIに求める精度	%
❷ データ素材	データセットのもとになるデータを記入
❸ クレンジングの方法	データを修正する場合は、その方法を書く
❹ アノテーションの方法 ※アノテーションが必要な場合	アノテーターに依頼する手順をメモする

のは、開発コストの試算です。コストを正確に試算するためには、この段階で③④を明らかにしておく必要があるのです。

第5章

[推進力]AIシステム導入への7ステップ

どこに向かって進めるのか

機械学習の開発プロセスにせまる

「推進力」とは開発をマネジメントする能力

第3章では仮説を立てるまでの手順を追うことで、「企画力」を身に付ける方法を紹介しました。続く第4章では、データ分析の手法について学び、文系AI人材に求められる「分析力」について説明しました。

次は、いよいよAIの開発に着手します。システムエンジニアや機械学習エンジニアが活躍してくれる局面ですが、文系AI人材も全面的におまかせにするわけにはいきません。

第5章では、開発をうまく進めるためにどのようなマネジメントが必要かを解説します。**このマネジメントを行う力が「推進力」です。**

次ページの図を参照してください。

アノテーションをしたデジタルデータ（学習デ

ータ）を使って機械学習の学習モデルを開発します。

開発手順は採用する学習モデルやアルゴリズムによって微妙に異なりますが、ここでは一般的な7つの手順について、くわしく解説します。

また、開発を進める段階で、AI以外のデジタル技術を利用する可能性もあるので、その概略もあわせて紹介します。

レストランでは「調理の仕上げはシェフにおまかせ」で大丈夫ですが、AIプロジェクトでは、店長（文系AI人材）のアシストが必要です。

決めるべきことや判断すべきことに対して対応を間違えると、進行のさまたげになる可能性があるので、注意が必要です。対応すべきことを開発手順に合わせて具体的に紹介しますので、ポイントをつかんでおきましょう。

（いよいよ開発に突入！　主役は機械学習エンジニア）

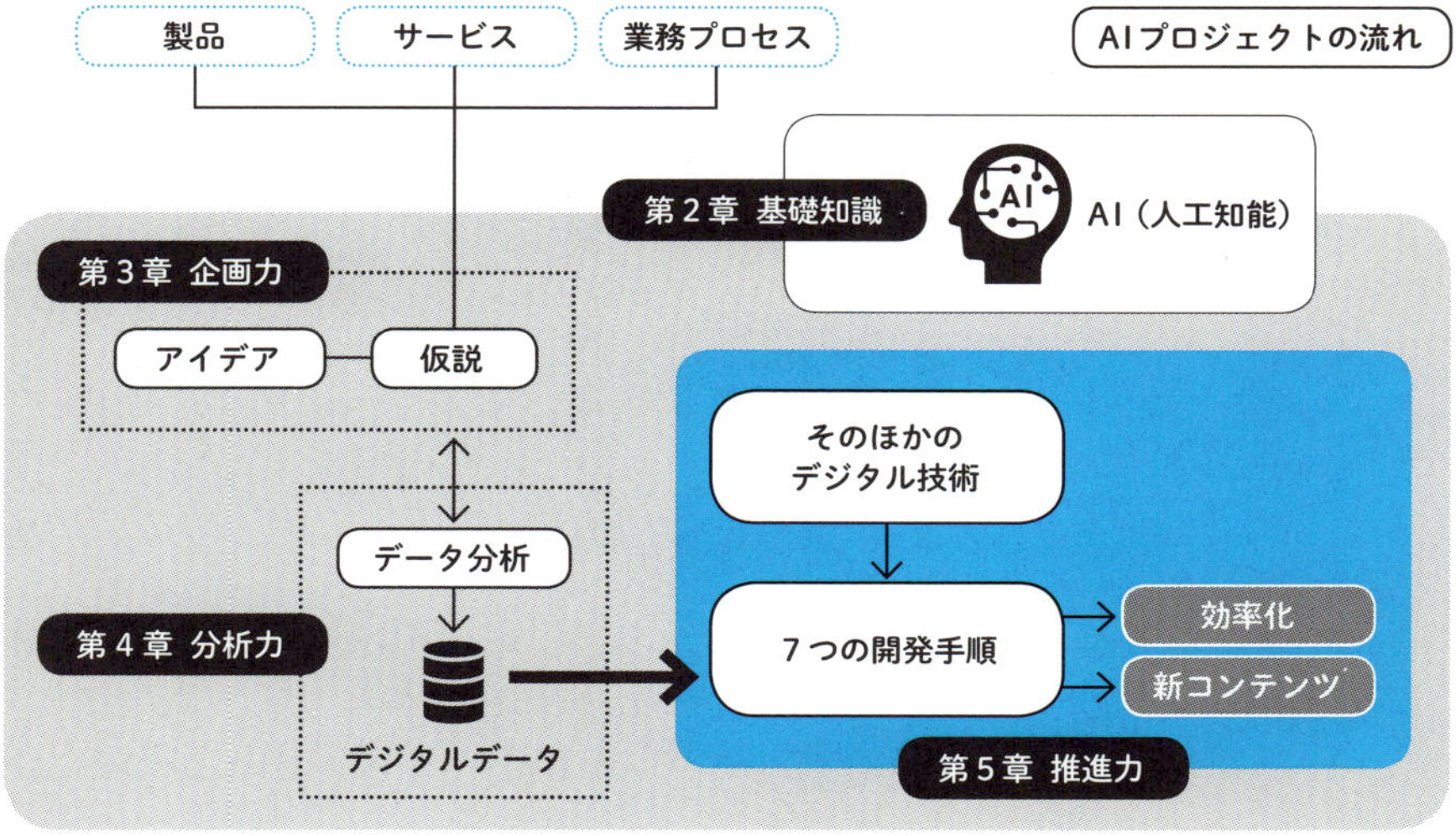

まずは7つの開発手順を押さえよう

機械学習の開発手順は以下の7つに分けて考えます。

ステップ① アルゴリズムの選択
ステップ② データの整理
ステップ③ プロトタイプ開発
ステップ④ PoC
ステップ⑤ 開発
ステップ⑥ 本格導入
ステップ⑦ システム運用

7つのステップは、大きく3つのフェーズに分けて考えられます。

まず①②は準備のフェーズ。ここで開発直前の準備を整えます。次の③④⑤は開発のフェーズ。③でプロトタイプをつくり、④のPoCで検証して、⑤で本格的な開発に着手します。最後の⑥⑦は導入のフェーズ。⑥でAIシステムの導入をスタートし、⑦で管理を行います。

それでは順に説明します。

ステップ①アルゴリズムの選択は、第4章のデータセットを用意する段階で機械学習エンジニアが検討すべき作業です。アルゴリズムによって必要なデータの形式が変わるため、実際にはアノテーションを行う前に決める必要があります。

アルゴリズムの選択が遅れると、用意したデータセットをもう一度整理し直す作業が発生する場合があるので、注意しましょう。

ステップ②データの整理は、機械学習のデータセットを入力できる状態に整える工程です。機械学習エンジニアの作業なので基本的にはおまかせですが、事前の打ち合わせが不完全な場合は、この段階でデータセットの修正や追加を頼まれる場合もあります。

ステップ③プロトタイプ開発は、本格的な開発を行う前の試運転です。この段階で、コストのかからないベーシックな手法で試作モデルを作成し、どのくらいの精度が見込めるのか、大まかにアタリをつけることもあります。

ステップ④PoCは、「Proof of Concept：概念検証」の略称で、コンセプトの実現の可能性を検証する作業を指します。プロトタイプ開発で作成したAIシステムをほかのプログラムや周辺機器と接続して、実際に使えるかどうかを検証します。

PoCが終われば、**ステップ⑤開発**に突入します。ここでは、3種類のデータセットを利用して、本格的な学習モデルを作成します。「学習→精度検証→再学習」のサイクルをくり返して、少

（機械学習の開発プロセスは7つに分けて考える）

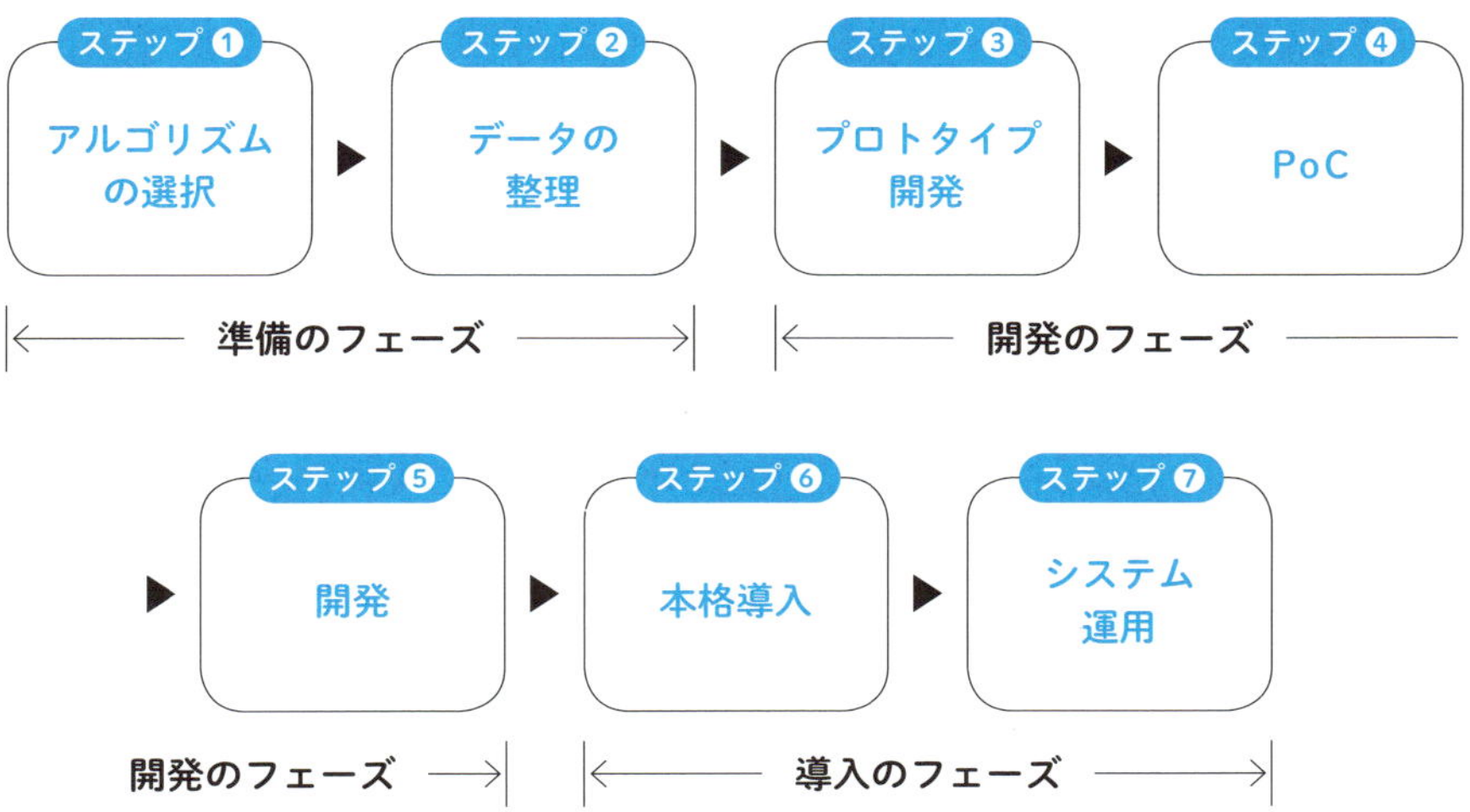

しずつ精度を上げていきます。

基本的に機械学習エンジニアにおまかせですが、精度検証の部分では文系ＡＩ人材が率先して行動する必要があります。機械学習エンジニアにおまかせにせず、検証の結果を共有してアシストしましょう。

そして、**手順⑥本格導入**と**手順⑦システム運用**は、文系ＡＩ人材がマネジメントすべき大切な局面です。導入後にどこまで開発を続けるかを含め、クライアント側の決断が重要なポイントになります。

ステップ1

アルゴリズムの選択

アルゴリズムによってAIの精度が桁違いに変わる!?

ここから「ステップ①アルゴリズムの選択」についてくわしく説明します。

機械学習におけるアルゴリズムとは問題を解決する手順・手法のことです。

教師あり学習、教師なし学習、強化学習は、コンピュータの学習法を示す言葉です。学習法を決めても、それだけでデータ入力をスタートできるわけではありません。機械学習エンジニアは、開発に着手する前に、もっとも効果を期待できるアルゴリズムを予測する必要があるからです。

機械学習においてデータの質・量はとても大切な要素ですが、適切なデータがあれば、それだけでOKというわけではありません。まったく同じデータを使っても、アルゴリズムが違えば、結果が変化します。

「どんなアルゴリズムを選択するか」は、機械学習エンジニアが決めますが、選択の結果は聞いておきましょう。

選択したアルゴリズムによって、「ステップ②データの整理」が必要になる場合があるからです。実際にデータをどのように整理すればいいか、アノテーターに戻す必要があるかどうかなども、機械学習エンジニアと相談しましょう。

機械学習に使われる代表的なアルゴリズムの系統

教師あり学習が得意な「分類」「予測」、教師なし学習が得意な「クラスタリング」「次元削減」などのAIのタスクに関する知識は、このステップ1「アルゴリズムの選択」で役に立ちます。

次ページに教師あり学習と教師なし学習の代表的なアルゴリズムをまとめてみました。

よく使われるアルゴリズムは17種。それぞれがどんな仕組みで、どのような処理が実行されるかを覚える必要はありませんが、**「どの系統に属しているか」**だけは覚えておきましょう。

アルゴリズムの系統を押さえておけば、機械学習エンジニアとコミュニケーションをとるときに便利だからです。

では、この系統について、もう少し具体的に説明してみます。

- 系統① 二値分類
- 系統② 多値分類
- 系統③ 回帰（予測）
- 系統④ クラスタリング
- 系統⑤ 次元削減

教師あり学習と教師なし学習の代表的なアルゴリズム

	系統	アルゴリズム
教師あり学習	① 二値分類 ② 多値分類	k-最近傍法（k-NN）
		ロジスティック回帰
		サポートベクトルマシン（SVM）
		ナイーブベイズ
		決定木
		ランダムフォレスト
		ニューラルネットワーク
	③ 回帰（予測）	線形回帰
		リッジ回帰
		Lasso
		サポートベクトルマシン（SVM）
		ニューラルネットワーク
教師なし学習	④ クラスタリング	k-means（k-平均法）
		スペクトラルクラスタリング
		混合ガウス分布（GMM）
	⑤ 次元削減	主成分分析（PCA）
		LDA

系統①二値分類は、ラベル付きのデータを学習して2つに分類するための計算法です。第4章ですでに説明しましたが、これは、メールソフトのスパム分類などに使われるアルゴリズムです。スパムメールなのかそうでないのかを判別するときは、この二値分類で計算します。

同じようにして、結果を3つ以上に分類する必要があるときは、**系統②多値分類**のアルゴリズムを使用します。たとえば、画像に写っているものを「背景」「建物」「人物」「動物」「植物」「機械」「道具」の7つに分類するようなタスクでは、多値分類のアルゴリズムが使われます。

次の**系統③回帰（予測）**は、連続するデータをもとに未来を予測するアルゴリズムです。

たとえば、広告費をどれくらい増やせば、売上げがどのくらい増えるかを予測する場合などに使います。

「分類」は分けること、「回帰」は未来の予測！

ここで、「分類」と「回帰（予測）」の違いを押さえておきましょう。次の状況を思い浮かべてください。

商店街にある「ベーカリー大西」では、2つのAIを活用しています。

ひとつ目のAIは、「パンを識別するAI」です。レジのガラスボードに購入するパンを置けば、自動的に合計金額を算出してくれます。このAIシステムは、すべての種類のパンの画像を学習しており、瞬時にガラスボードの上のパンを識別します。これは、分類（系統②多値分類）のアルゴリズムを利用しています。

一方、ベーカリー大西では、もうひとつのAIシステムを利用して、パンを焼く量を調整してい

(ベーカリーの繁盛を支えるのは違うタイプのAI)

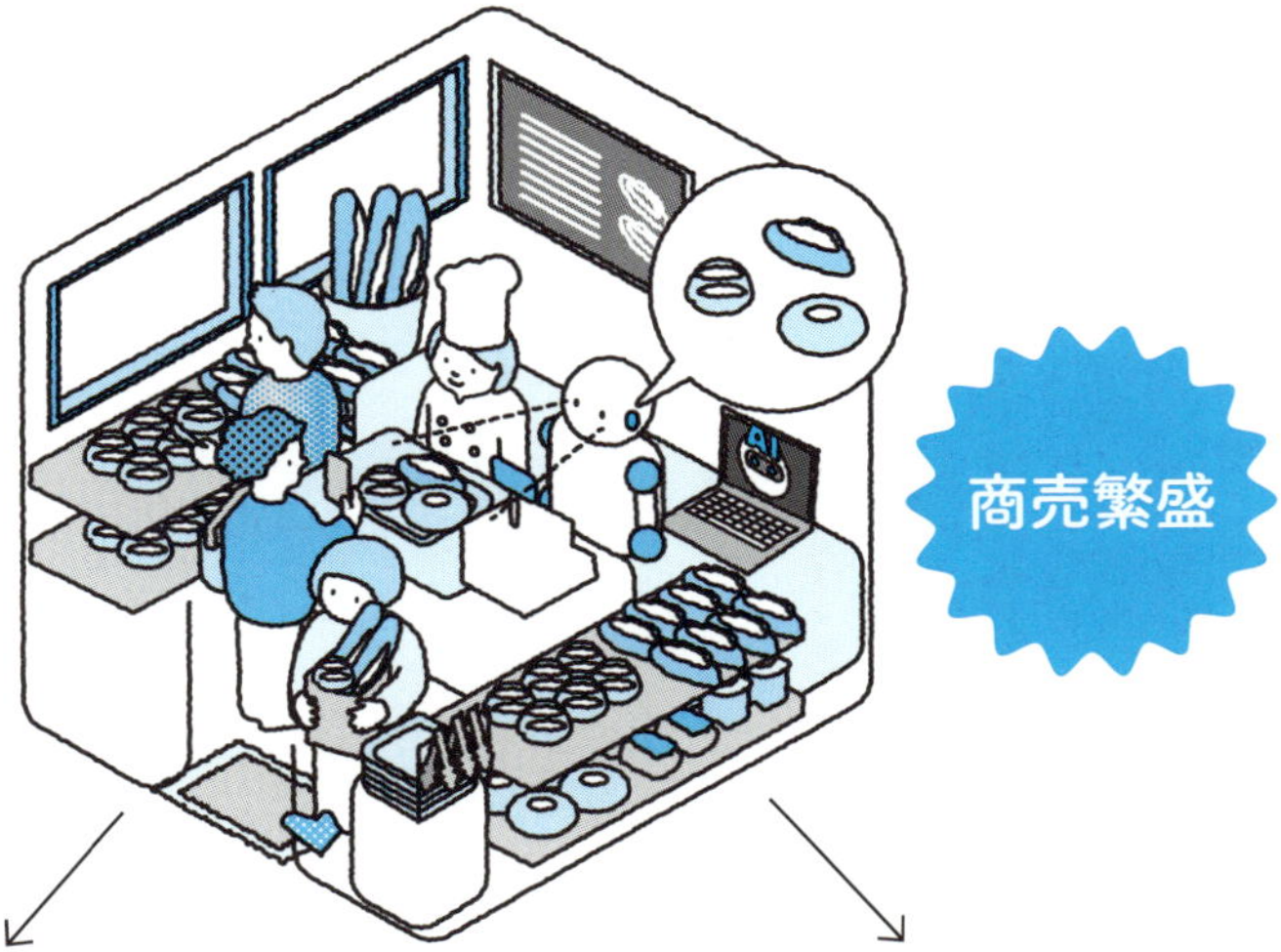

パンを識別するAI
=
系統② 多値分類

パンを焼く個数を予測するAI
=
系統③ 回帰(予測)

AIのアルゴリズムを選択するときのポイント

- 同じ学習法でもアルゴリズムが違えばできることが変わる
- ひとつの目標(商売繁盛)のために複数のAIを使い分けることもできる

ます。こちらのAIシステムは、過去の曜日、気温、天候などのデータをもとに、その日に売れるパンの量を予測します。あらかじめ売上を予測してパンを焼く量を調整することで、コストを削減できるようになりました。

このAIには、回帰（予測）のアルゴリズムを利用しています。

似ているものをグループにする「クラスタリング」

系統④⑤は、「教師なし学習」のアルゴリズムでした。

まず、**系統④クラスタリング**は、似ているデータをいくつかのグループにまとめる手法です。たとえば、大量のテキストデータを自動で仕分けするツールや、**ネットショッピングの際に表示される商品のレコメンド**に、このクラスタリングが利用されています。

「教師なし学習」なので、正解を付与した学習データを用意する必要はありませんが、どんなデータを何種類用意して入力するかは、よく考える必要があります。

このクラスタリングのなかで、もっともよく利用されるアルゴリズムは**「k-平均法（k-means）」**と呼ばれるものです。このほかに、**「スペクトラルクラスタリング」**や**「混合ガウス分布」**などのアルゴリズムが使われます。

それぞれのアルゴリズムの仕組みはさておき、名前だけは覚えておきましょう。

次の**系統⑤次元削減**は、多次元の情報を重要な情報を残したまま、より少ない次元の情報に落とし込みます。

たくさんある次元を3次元や2次元まで次元を削減できれば、図やグラフで比較することができ

ユーザーの特性に合わせてクラスタリング

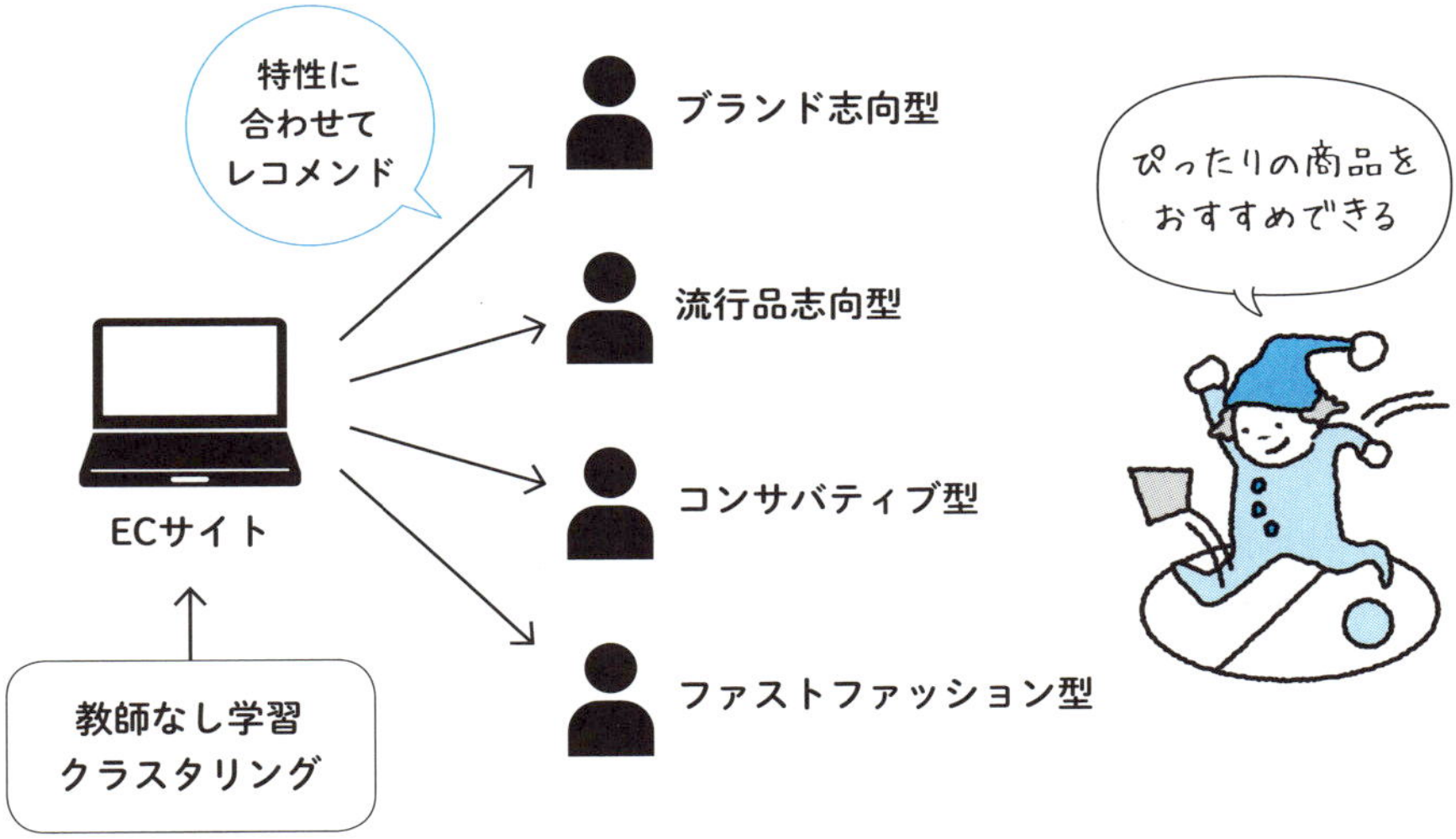

るようになるので、データの可視化につながります。また、データの量が膨大になりがちな機械学習において、データの次元を削減することで、計算コスト（計算にかかる手間）を大幅に減らすことができます。

この次元削減のアルゴリズムとしては**「主成分分析（PCA）」**がもっとも有名です。

ステップ2

データの整理

機械学習エンジニアが学習データを整える

アノテーションの作業が終了したデータセットを受け取った機械学習エンジニアは、学習モデルに学習をさせるために、**受け取ったデータセットを自分で整理します。**

たとえば、画像データなら、コンピュータが画像を認識しやすくするために、画像のフォーマットや解像度、サイズ、向き、明るさ、色彩などをそろえます。人間でも判別できない画像や、学習の内容には関係ない画像を事前に除去する場合もあります。このように、データをきれいに整える作業を「**クレンジング**」と呼びます。

また、画像に含まれる特定の物体を検出するシステムを作成する場合は、アノテーションの段階で事前に物体の領域を切り出して指定する処理を行う場合もあります。その場合、切り出し作業はアノテーションの工程になるため、機械学習エンジニアがこの段階で整理をする必要はなくなります。このあたりの手順については、事前に機械学習エンジニアと相談しておくとよいでしょう。

音声データの場合は、機械学習エンジニアが、周波数、音の強弱、音と音の間隔など、さまざまな特徴量を抽出して、コンピュータが認識しやすい状態に変換します。

一方、テキストデータをベースに自然言語処理（人が日常的に使っている言葉をコンピュータに処理させる技術）を行うとき、機械学習エンジニアは、形態素解析（品詞分解）や構文解析、意味解析などの処理をほどこして、コンピュータが意味を解読できる状態にします。

データをどのように処理するかは、選択したアルゴリズムによって異なるため、文系AI人材が

（クレンジングで画像を整える）

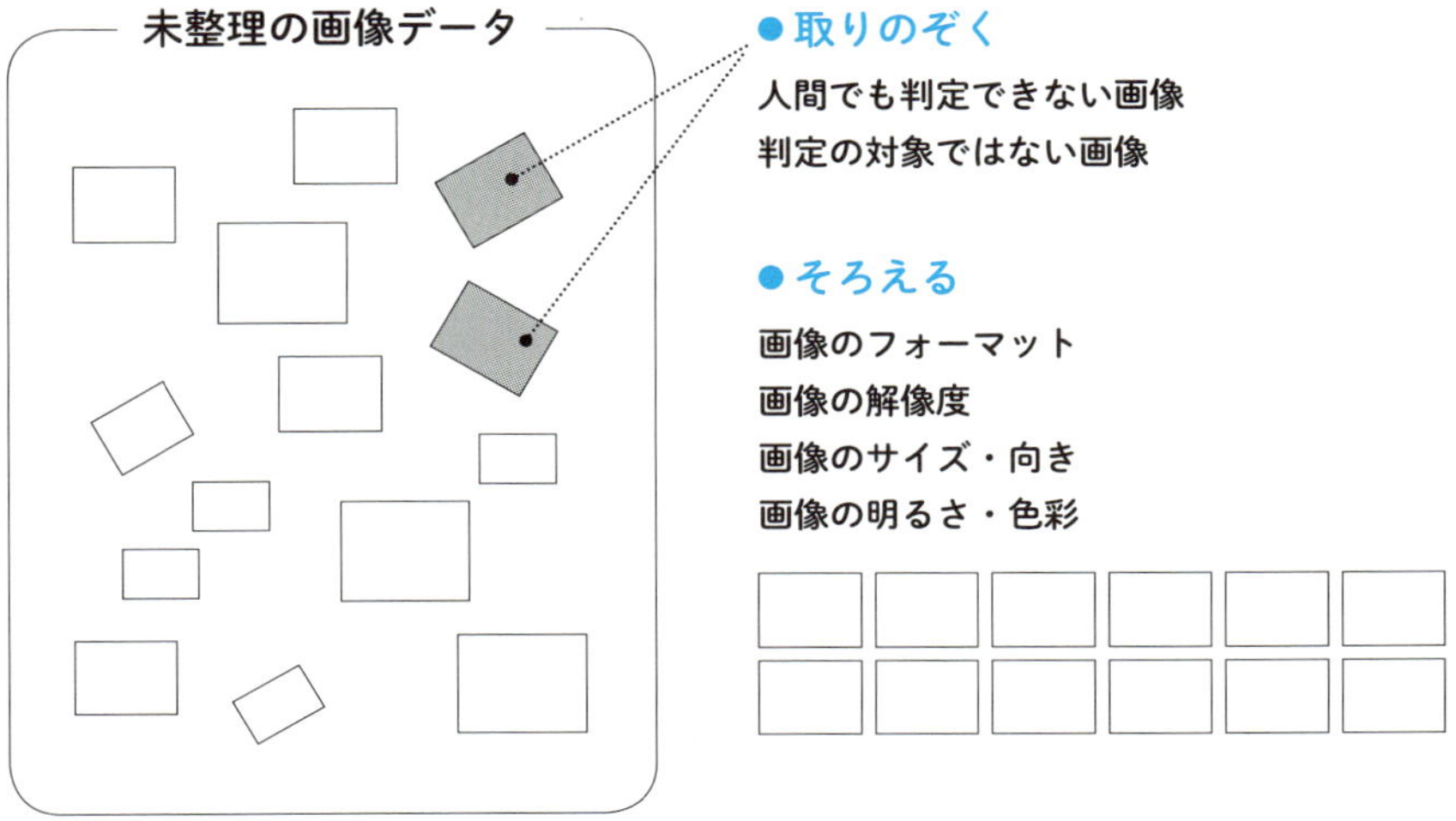

この段階で手伝えることはありませんが、機械学習エンジニアがどんな作業をしているかは、なんとなく想像できるようになりましょう。

とくに、のちの工程でデータセットの追加、アノテーションのやり直しなどが必要になったとき、**機械学習エンジニアがどんな工程でデータを整理しているかを理解しておく**ことで、すばやい対応が可能になります。

ステップ3

プロトタイプ開発

「試作モデル」でイメージを共有する

アルゴリズムに合わせたデータセットの準備が整ったら、プロトタイプ開発に着手します。

プロトタイプ開発の目的は、**プロジェクトにかかわるメンバー全員で完成イメージを共有する**こと。不完全な形であれ、試作品を作成することで、実際のシーンで使うイメージがわきやすくなります。

一般的にプロトタイプ開発では、フレームワーク、またはライブラリの手法が利用されます。

- **フレームワーク……テンプレート化されたアプリケーションの設計構造を利用して組み立てる手法**
- **ライブラリ……プログラムのコードが集め**

られたファイルを利用してシステムを組み立てる手法

一般的にライブラリのほうがきめ細かなシステム設計ができますが、そのぶんコストもかかると考えたほうがいいでしょう。実際には、フレームワークとライブラリを併用する場合もあるので、不明な点があれば、システム全般を管理するシステムエンジニアに確認しましょう。

プロトタイプ開発に要する時間はシステムの規模や手法によって変わりますが、一般的には数か月程度です。

また、AIプロジェクトの場合は、開発コストが比較的低いベーシックな方法を用いて学習を行い、どの程度の精度が見込めるかを試してみる作業も、このプロトタイプ開発に含まれます。

同時に、データセットが学習データとして機能するか、選択したアルゴリズムが有効かなどを確認する工程でもあるので、最悪の場合、「やり直したほうがいい」という結論が出る場合もあります。この場合、「やり直す」には、以下の3つのケースが考えられます。

① データセットをつくり直す
② アルゴリズムを変更する
③ データセットとアルゴリズムを変更する

経験豊富な機械学習エンジニアであれば、「どの方法がもっとも精度が上がりそうか」は、この時点である程度予測できます。

①②③のどの方法でやり直せばいいのかはケース・バイ・ケース。機械学習エンジニアと相談して判断しましょう。

「やり直し」は残念な結果ですが、「本格的な開発の段階になってから気づくよりはラッキー」と考えることもできるのです。

どこからやり直す？　考えられる3つの選択肢

❶ データセットをつくり直す

文系AI人材　アノテーター

❷ アルゴリズムを変更する

文系AI人材　機械学習エンジニア

❸ データセットとアルゴリズムを変更する

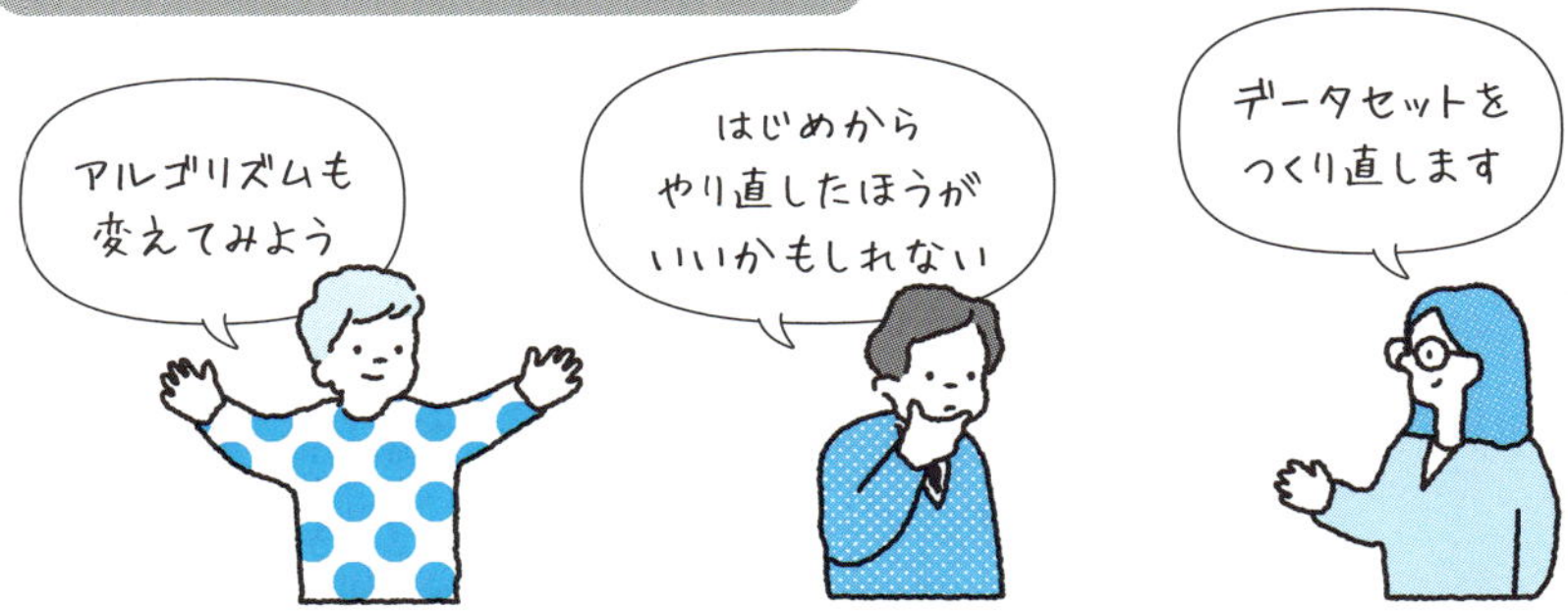

機械学習エンジニア　文系AI人材　アノテーター

思うような結果が出なかったときのポイント

- 機械学習エンジニアに「どうやり直すか」を相談する
- 同時に、AIに求める精度を下げることも検討する

ステップ4

PoC（ポック）

本開発の前段階における検証やデモンストレーション

ここから、**ステップ④PoC（ポック）**について解説します。

「PoC」とは「Proof of Concept」の略称で、「概念検証」を意味します。完成したシステムが**実用に堪えるものかどうかを検証する**工程です。

PoCは、AIプロジェクト（またはIT業界）にかぎらず、研究開発分野などで広く実施されています。

開発した商品・サービスが「じつはあまり役に立たなかった」とならないように、**本番よりも小さな規模でアイデアや技術的な課題の実現性を検証し、方向性に間違いがないことを確認する工程**です。「PoC」と呼ばずに「実証実験」と呼ばれる場合もあります。

ただし、このPoCが必要ではない場合もあります。それはどんな状況でしょうか?

PoCを行う必要がないのは、どんなとき?

すでにビジネスモデルとして定着しているものや、利用している技術がすでに普及しているものに対して、PoCを行う必要はありません。

企業が新しい取り組みを行う場合、**既成の技術を利用するのは賢い選択です。**既成の技術であれば、リスクの軽減、開発コストの削減などの面で大きなメリットがあるからです。

新しい技術を追求することが大切なのは、研究開発そのものが目的の場合です。

では、「既成の技術を使う=PoCは不要」と言えるのでしょうか。実際にこの線引きを行うのは、なかなか難しいのです。

具体的に2つの例をあげて考えてみましょう。

ケースA **購買履歴によるレコメンド**

あるアパレルブランドが、既成のシステムを利用して、「ECサイトで購買履歴によるレコメンドを行う」と仮定します。

ケースB **おすすめコーディネートの提案**

あるアパレルブランドが、購買履歴から推測される体型、閲覧履歴、購買時間などのデータをもとに、「AIが個人の志向を推測して、ECサイトでおすすめコーディネートを提案する」というサービスを実施すると仮定します。

ケースAの場合、PoCは必要ありません。「購買履歴によるレコメンド」が既成の技術であれば、一般的によく利用されているアルゴリズムを用い

てAIを開発しましょう。場合によっては、既成のプログラムをシステムに搭載するだけで事足りてしまうかもしれません

一方、ケースBの場合、複数のPoCが必要です。検証すべき点は以下のようになります。

・推測される体型、閲覧履歴、購買時間など、顧客から取得したデータをどう使うか
・取得したデータをAIに入力してどんな出力を得るか
・AIの出力をおすすめコーディネートにどのように結び付けるか

AIにどんなデータを入力して、どんな出力を得るかも検討すべきポイントですが、この場合、その出力をどう具体的なコーディネートに紐付けるかが重要なポイントになります。

コーディネートを提案する部分をAIにまかせるのは難しいので、プロのスタイリストに依頼して、いくつかのタイプに合わせて定番のコーディネートを提案してもらうという方法が考えられます。

つまり、顧客をいくつかのタイプに分類するのはAIの仕事ですが、そのタイプに合うコーディネートを提案するのはスタイリストの仕事です。もし、AIの分類がうまくいっても、**スタイリストの提案が魅力的なものでなければ、このサービスは成り立ちません。**

ケースAもケースBも、ECサイト上のサービスなので「同じようなもの」と考えることもできますが、その仕組みは大きく違います。

ケースAの「購買履歴によるレコメンド」は、すでにおなじみのサービスなので、そのぶん開発コストは抑えられます。一方、ケースBの「おすすめコーディネートの提案」は、新味のあるサー

PoCが不要、必要な場合の違いは？

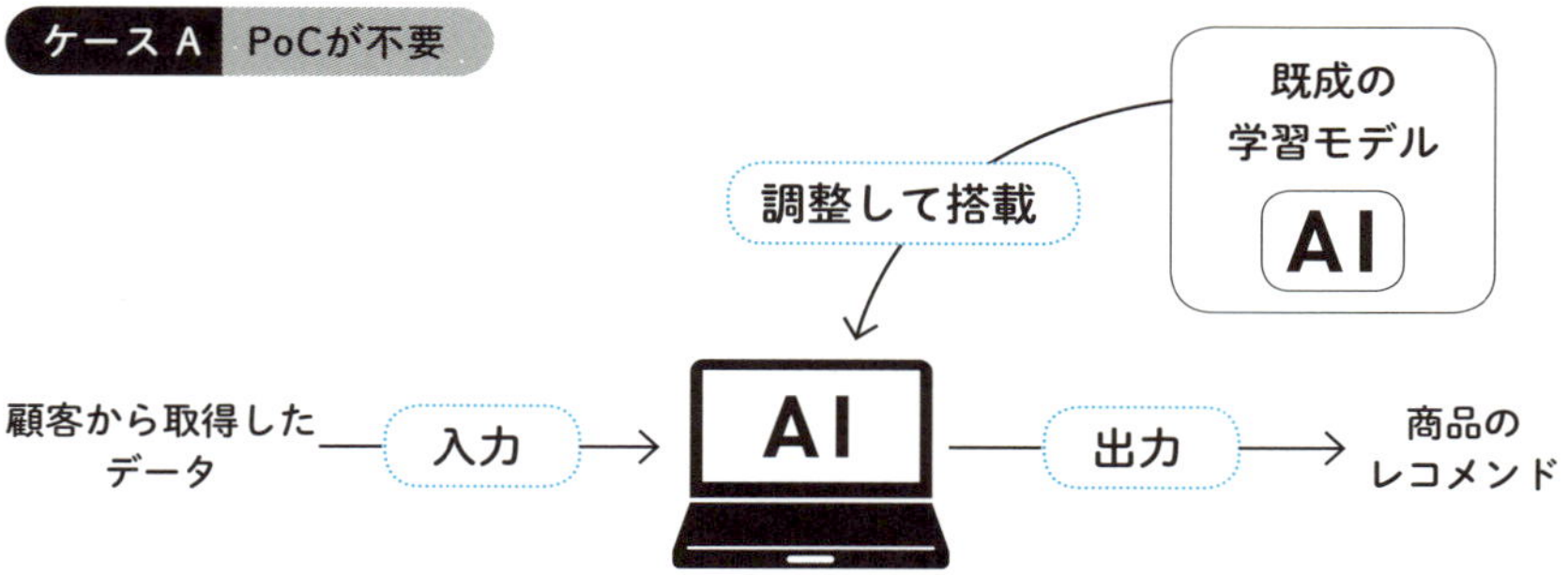

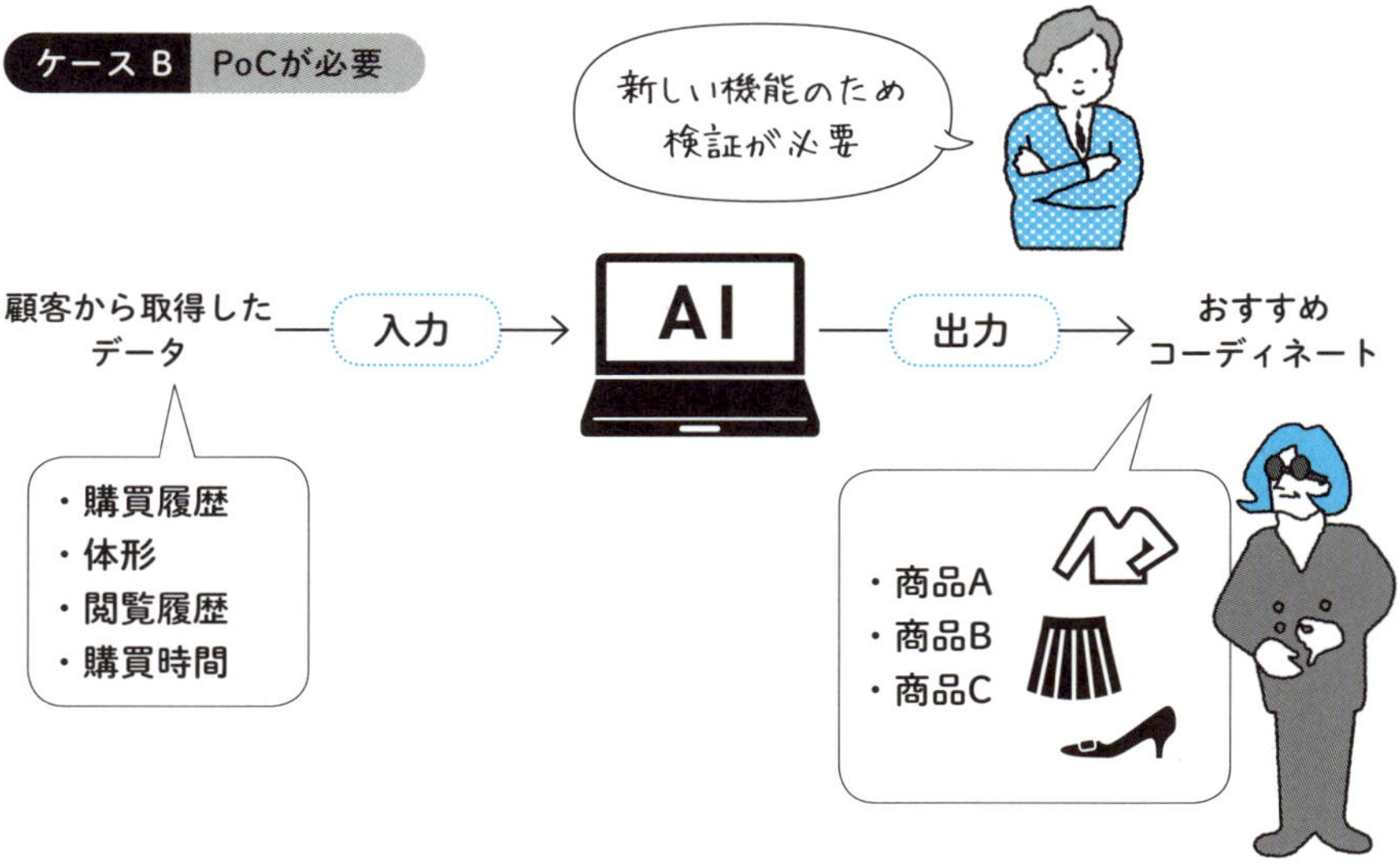

PoCが必要かどうかを判断するポイント

- 検証が不要な学習モデルを利用しているか
- 検証が必要な新しい機能が含まれているか

ビスなのでＰｏＣは必須。開発コストもそれなりにかかりそうです。

さらに、ケースＡとＢのどちらのサービスがすぐれているかは、試してみなければわかりません。コーディネートの提案が魅力的であれば、何倍もの売上を達成できるかもしれません。しかし、あまり魅力的なサービスとは言えない場合は、ケースＡの「購買履歴によるレコメンド」で十分という結果が出るかもしれません。

ＰｏＣは概念検証なので、コンピュータ上の検証にかぎらず、サービス全体を検証する必要があります。

サービスの結果を予測することもＰｏＣの大切なポイントなのです。

ＰｏＣを行うベストのタイミングは？

続いて、ＰｏＣを行う時期について考えてみましょう。

この本では、ステップ③プロトタイプ開発のあとにＰｏＣを実施すると仮定しています。たとえば、ＡＩシステムが商品・サービスのコアになる機能で、それ以外の機能がほとんどない場合は、このタイミングでも問題はないでしょう。

しかし、実際には、もっと早い段階から着手するケースもあります。

たとえば、データベース、決済システム、管理画面、最先端技術など、**ＡＩ以外の周辺機能がたくさんある場合**は、スケジュールを前倒しにして、企画段階からプロトタイプ開発やＰｏＣに着手したほうが安全です。

とくに、ＩｏＴとして各種センサーを連携させる場合は、ＡＩシステムとは別にＰｏＣを行う必要があります。ここでいうセンサーとは以下のようなものです。

●GPS
●光センサー
●照度センサー
●加速度センサー
●ジャイロセンサー
●指紋センサー

それぞれのセンサーの機能説明は割愛しますが、少なくとも、センサーから取得したデータをどのようにAIシステムに入力するか、AIシステムからの出力をどのように利用するかなどは、早めに検証しておく必要があるでしょう。

つまり、AIにほかの技術を組み合わせて使用する場合は、別途、PoCを行う必要があるというわけです。

精度が高いAIシステムが完成したとしても、**組み合わせる技術が不確かなものであれば、いつまでたっても実用化できない**という事態におちいってしまいます。

センサーの代わりにデジタル機器を使用する場合も同様です。

たとえば、農場にドローンを飛ばして野菜の害虫被害を確認する場合、撮影したカメラの性能が基準に達しない場合、AIシステムの精度が高くても実用化は難しくなります。

また、スマホの通信速度、パソコンのスペックなど、デバイスにまつわる性能も確認すべき重要項目です。

新技術と組み合わせるなら早めのPoCを！

大がかりなITのプロジェクトでは、AIのほかに、次のような最先端技術の採用を検討する場合があり、同じように注意が必要です。

- **VR（仮想現実）**
- **AR（拡張現実）**
- **MR（複合現実）**

VR（仮想現実）とは、「Virtual Reality」の略称で、コンピュータで現実に似せた仮想世界をつくり、あたかも現実世界にいるような感覚を体験させるための技術です。

AR（拡張現実）とは、「Augmented Reality」の略称で、スマホやタブレットなどのデバイスを通して、現実世界には存在しないものを存在しているかのように見せる技術です。ナイアンティック社と株式会社ポケモンが共同開発した、スマホ向け位置情報アプリ「ポケモンGO」がその代表格です。

最後の**MR（複合現実）**とは、「Mixed Reality」の略称で、仮想世界と現実世界を融合させる技術です。位置情報を正確に把握し、現実世界に仮想世界を反映させるので、コンテンツを実物のように見たり触ったりすることができます。

VRもARもMRも、すでに実用化されている技術ですが、それぞれ利用条件が異なります。もし、これらの技術をAIプロジェクトに採用する場合は、システムに組み込めるかどうかを事前に検証する必要があるのです。

IoTも各種センサーもVR、AR、MRも、**上手にシステムに組み込めば差別化の切り札になります。**

このような新技術を取り入れる場合は、AIシステムとは切り離して、早めにPoCを行うようにしましょう。

（ VR・AR・MRの利用も検討してみよう ）

VR（仮想現実）Virtual Reality

映像に入り込んだかのような
体験ができる技術

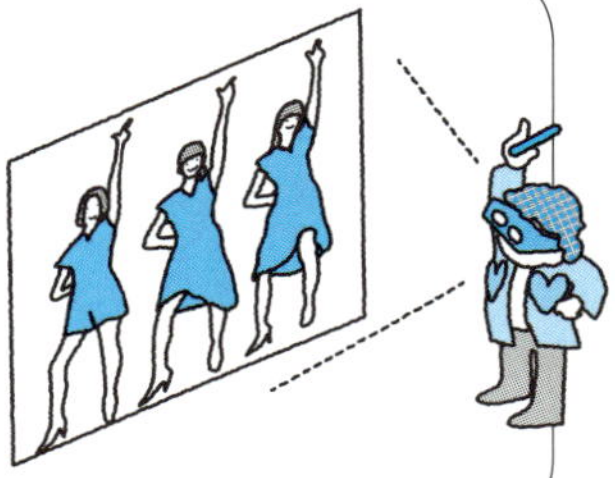

例　専用ゴーグルを付けて、ライブ会場の臨場感を味わう
部屋を探すとき、仮想現実の世界で内見する

AR（拡張現実）Augmented Reality

現実の世界に
仮想世界を重ねる技術

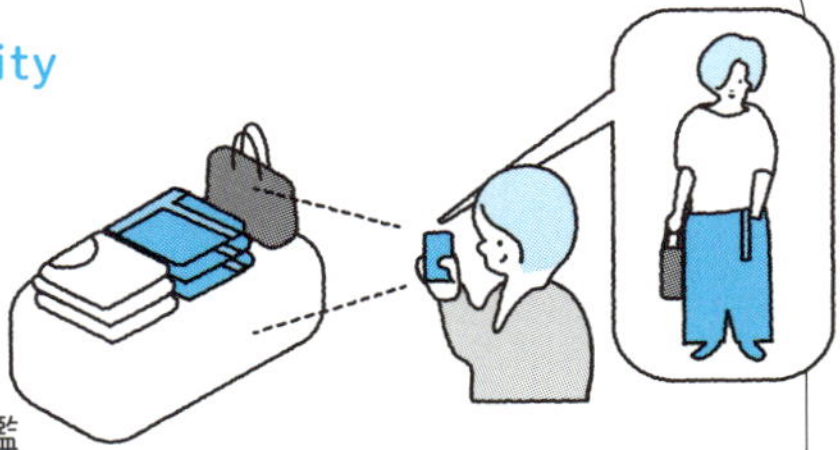

例　スマホで洋服の着用イメージを確認する
デバイス越しに立体画像が見える動物図鑑

MR（複合現実）Mixed Reality

現実の世界と仮想世界を
ミックスさせる技術

角度を変えて見れば
家を建てる前に
イメージをつかめる

例　三次元の建築模型をあらゆる角度から検証する
一本の樹木をCGで再現して現実の庭に配置する

ほかの最先端技術と組み合わせるメリット

- 組み合わせることで新しいアイデアが生まれる
- AIがありきたりの技術でも、インパクトのある結果を得られる
- ユーザーインターフェイスを考慮したサービスを提供できる

修正・検証をくり返し、適切なモデルを構築する

さて、ここで、実際にＰｏＣを行う場合の注意点について説明しておきましょう。

先ほどのプロトタイプ開発は、とりあえずピースをつないでみるというレベルでしたが、ＰｏＣでは、**ＡＩシステム以外の周辺システムをほぼ完成させること**を目標にします。

ＰｏＣはできるだけ小さな規模で行いますが、動作の安定性や使い勝手を検証する必要があるため、基本的には本番に近い完成度が求められます。また、この段階で社内の人間（第三者）から有益なフィードバックを得ることもできるようになります。

アイデアが秀逸でも、実際に利用してもらえるかどうかはわかりません。

ＰｏＣは概念検証なので、商品・サービスとして**第三者に受け入れてもらえるかどうかを確かめること**がもっとも大切なポイントになります。

アイデアとしては成立していても、実際に検証してみると、さまざまな課題や問題点が浮かび上がってくるはずです。第三者によるフィードバックによって、今まで気づかなかった課題や問題点が浮き彫りになることもあります。

そして、これらの課題や問題点をクリアしなければ、どんなにすぐれたＡＩを開発してもムダになってしまいます。

そのため、文系ＡＩ人材をはじめとするクライアント側のメンバーは、全力をあげて「ＰＤＣＡサイクル」を回し、この課題や問題点と向き合う必要があります。

ちなみに「ＰＤＣＡサイクル」とは、「Plan（計画）→ Do（実行）→ Check（評価）→ Action（改善）」

の４段階をくり返して業務を改善する、品質管理の手法です。

この場合のPlan（計画）とは、ＰｏＣで発生した課題や問題点を解決する方法のこと。計画を実行して評価し、それをもとに改善の方法を考え、次の計画に活かします。

そして、ＰｏＣで発生した課題、問題点をすべてクリアしたうえで、「あとはＡＩシステムが完成するのを待つだけ」という状態にするのが理想です。

今できることと近い将来できることを分ける

もちろん、ＰｏＣの段階で課題や問題点がすべて解決するとはかぎりません。

ＰｏＣですぐには解決できない大きな問題点が明らかになったため、軌道修正して、当初よりも小さな規模でスタートを切ることになるかもしれません。ＡＩシステムの開発をあきらめて、既成のプログラムを組み合わせたシンプルなサービスに切り替えるほうがベターという結論に達することも考えられます。

それでも、**規模の縮小や代替案**はよい選択。この段階で簡単にあきらめないことが大切です。

ＡＩにおける最先端技術は文字通り日進月歩なので、「しばらく放置しておくこと」が正解になる可能性があります。

現在の技術では不可能なことが、２年後、５年後には当たり前のようにできるようになるかもしれません。

たとえば、先ほどのＥＣサイトの例で、「コーディネートを提案する部分をＡＩにまかせるのは難しい」と書きました。そのため、スタイリストが「コーディネートを提案する」という役割をになうことになりました。
はじめのうちはスタイリスト数人で提案を行うだけかもしれませんが、近い将来、顧客と衣服のマッチングや、顧客とスタイリストの相性などを考慮した提案をＡＩができるようになるかもしれません。

今できることと近い将来できることが地続きになっている場合があることも、覚えておいてください。

そして、ＰｏＣによって、「今はまだできないこと」が明確になっても、**「今できることで同じようなことが実現できないか」と発想を転換**してみてください。

これはビジネスモデルの問題なので、機械学習エンジニアが決めることではありません。この部分は文系ＡＩ人材が率先して継続できる道を探す必要があるのです。

課題・問題点を整理して線引きをしよう

最後に、ＰｏＣを進める際の３つの注意点について解説します。

①ゴールを再確認する
②検証すべき内容を確認する
③課題・問題点を洗い出す

「①ゴールを再確認する」のゴールとは、第３章で仮説を立てるときに設定した、ＡＩプロジェクト全体のゴールです。

もし、ゴールが**業務の改善である場合**は、今回のプロジェクトによって**どのくらい時間・コストが削減されるかを数値にして予測します。**

たとえば、これまで毎月10人で処理していた業

「今すぐできること」と「近い将来できること」は地続きになっている

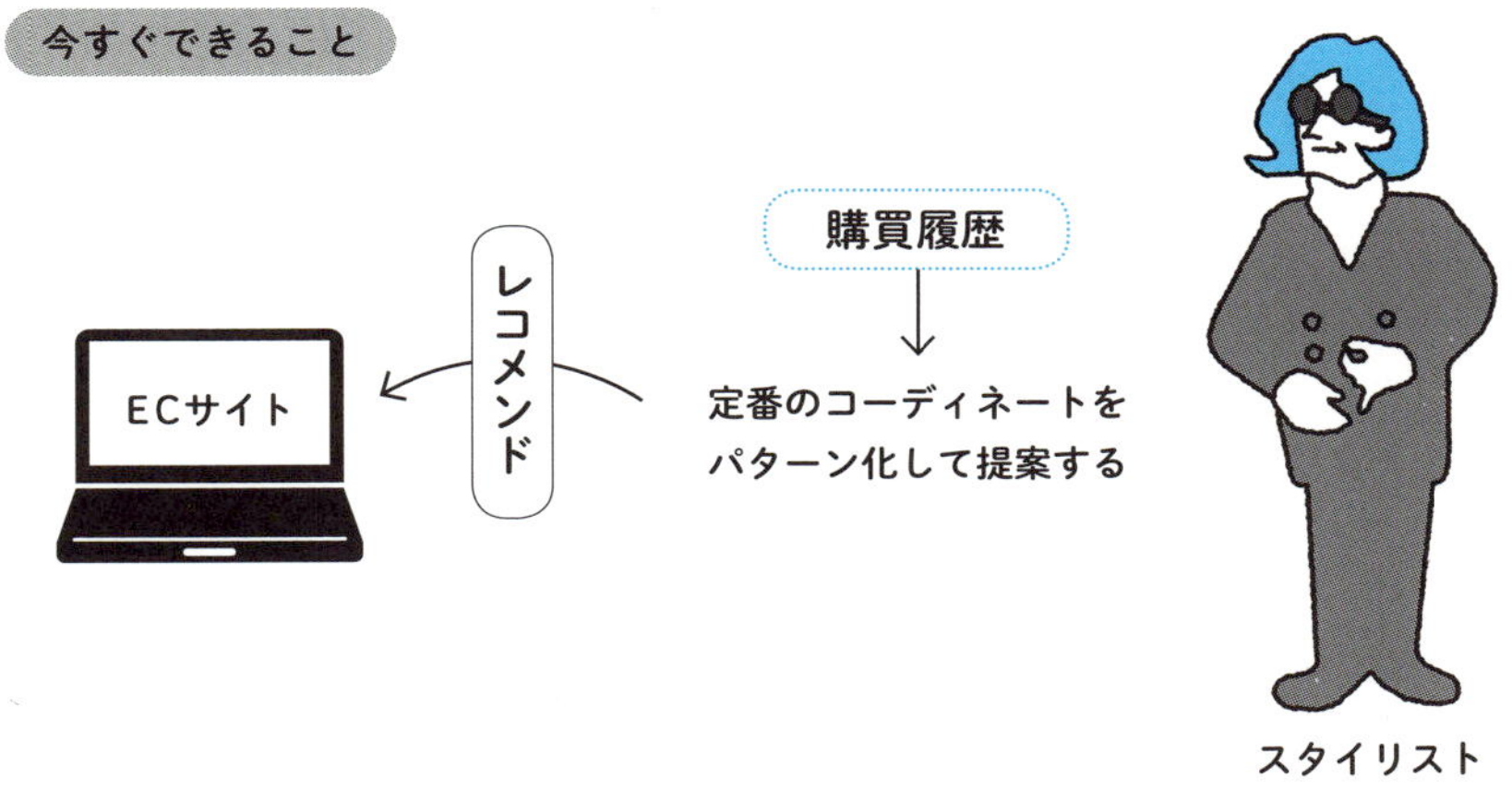

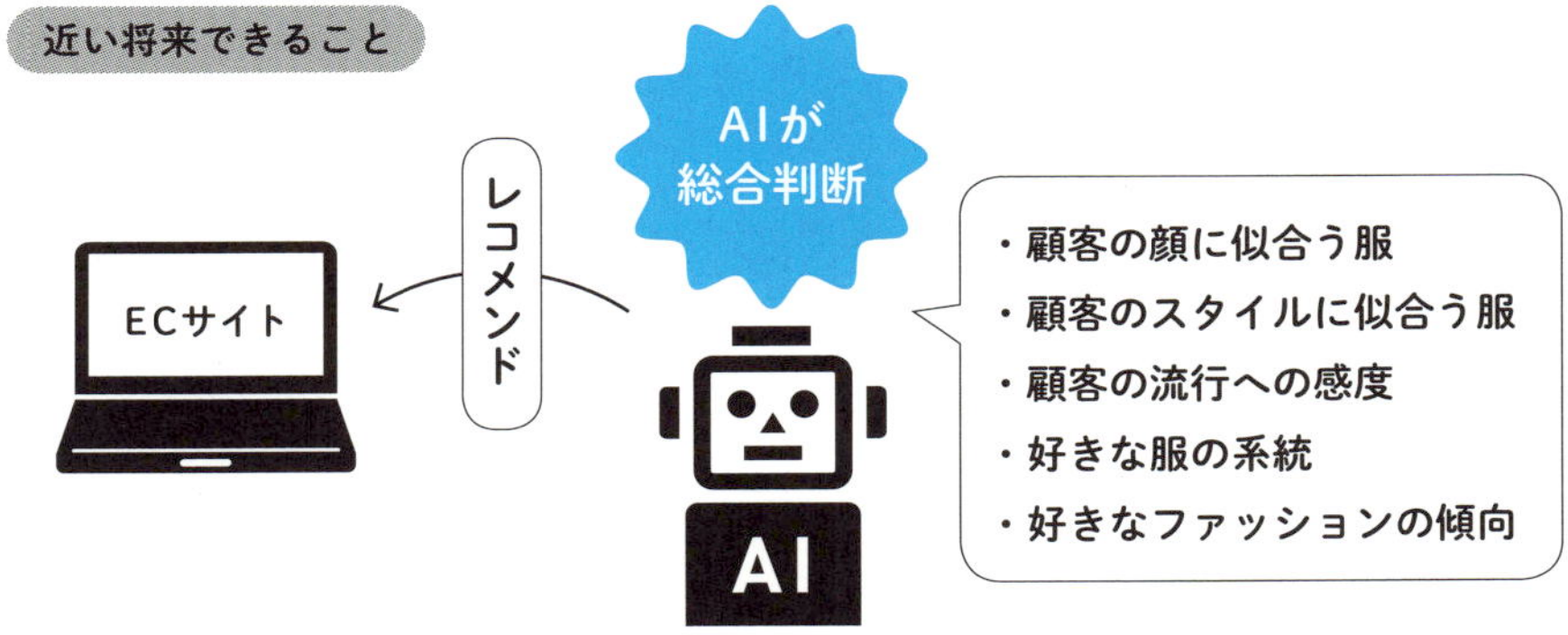

やりたいことが実現するチャンスを待つときのポイント

- 今できなくても完全な失敗ではない
- 今できないことも近い将来できるようになるかもしれない
- ときには妥協して、できるだけ近い形を目指すことも必要務を5人でまかなえるようになれば、5人ぶんの人件費がコスト削減の数値になります。ただし、これは理論上の数値です。

この場合、「**②検証すべき内容を確認する**」とは、実際に5人ぶんの作業を削減できるのかを確かめることが必要になります。

そして、PoCを行った結果、実際には3人ぶんの人件費しか削減できないことがわかったと仮定します。

ここで考えてみるべきなのは、課題と問題点です。当初5人ぶんと見積もっていた削減がなぜ3人ぶんになったか、その理由を考えてみましょう。

これが「**③課題・問題点を洗い出す**」の部分です。

そして、見つかった課題・問題点を分析し、当初の達成したいゴールと見比べます。そして、もし、5人ぶんの経費削減が厳しい場合は、目標値を4人ぶんに下げてPoCをやり直します。

もし、ゴールが**新コンテンツ開発の場合**は、そのコンテンツによって**新たに生まれる収益を予測して数値にします。**

新コンテンツの場合、実際に商品・サービスが普及するまで収益を予測するのは難しいものですが、それでも方法はいくつかあります。

コンテンツの内容によって違いはありますが、少なくとも以下のアプローチが考えられます。

- アンケートの実施
- 限定サービスの提供

顧客情報が手元にあれば、アンケートの実施はもっとも簡単な検証の方法になります。**商品・サービスに対する是非だけではなく、機能や価格に対する意見を聞く**こともできます。顧客を対象にするのが難しい場合は、社内アンケートという方

AIプロジェクトの課題・問題点をクリアにする

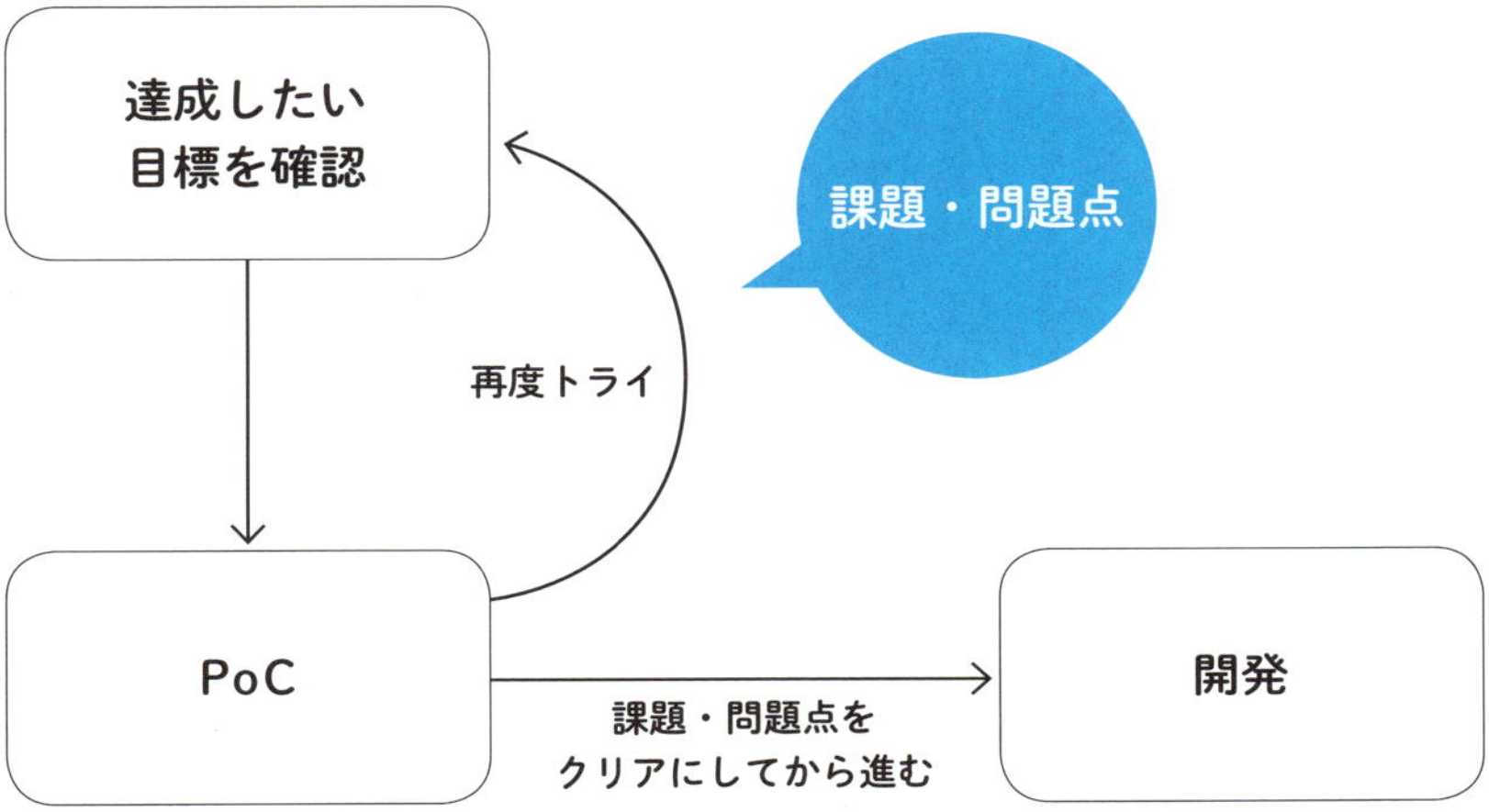

法も考えられます。

また、時間やコストに余裕があれば、**期間や対象を限定して商品・サービスを提供する**という方法もあります。フルサービスが難しければ、機能を限定してもかまいません。学習モデルで自動化する部分を手動で代行して、疑似的にサービスを提供してしまうのです。

ユーザーに商品・サービスを体験してもらうことで、改善ポイントを発見できるかもしれません。

いずれにせよ、新コンテンツ開発の場合、「②検証すべき内容を確認する」ことは、**収益と意見**という2つの系統に分かれます。

そのため、「③課題・問題点を洗い出す」の部分も、2つに分けて考える必要があります。

- 収益における課題・問題点
- ユーザーの意見における課題・問題点

この2つの系統に分けて課題・問題点を整理し、すべてを解決する方法を検討してから、再度PoCにトライします。

すべてを解決できないときは、**最低限ここまでできたらOK**というラインを設定しましょう。このラインを引くことで、開発時のムダな工数（手間）を削減できます。

ステップ⑤開発に移行できるのは、PoCの課題・問題点が解決してから。**小さな規模ですばやくモレなくこの工程をクリアできれば、**プロジェクト成功の確率がぐっと上がります。

ここが、文系AI人材の腕の見せどころです。

ステップ5

開発

開発期間中は機械学習エンジニアをサポート

PoCが終了したら、いよいよステップ⑤開発に突入します。

一般的に機械学習の「開発」は、**「学習モデル作成」「精度検証」「システム組み込み」**の3つのパートに分けて考えます。

「学習モデル」とは、機械学習の学習により作成されたパラメータを持つプログラムです。通常、学習モデルは2つ以上作成することが多く、次の「精度検証」の段階で検証データを利用して精度を比較し、もっともよい学習モデルを選択します。

この時点で、あらかじめ予定していたAIの精度に達していないときは、もう一度、「学習モデル作成」の段階に戻ってやり直します。

ここで、何度やり直すかはケース・バイ・ケー

開発は3つのステップに分けて考える

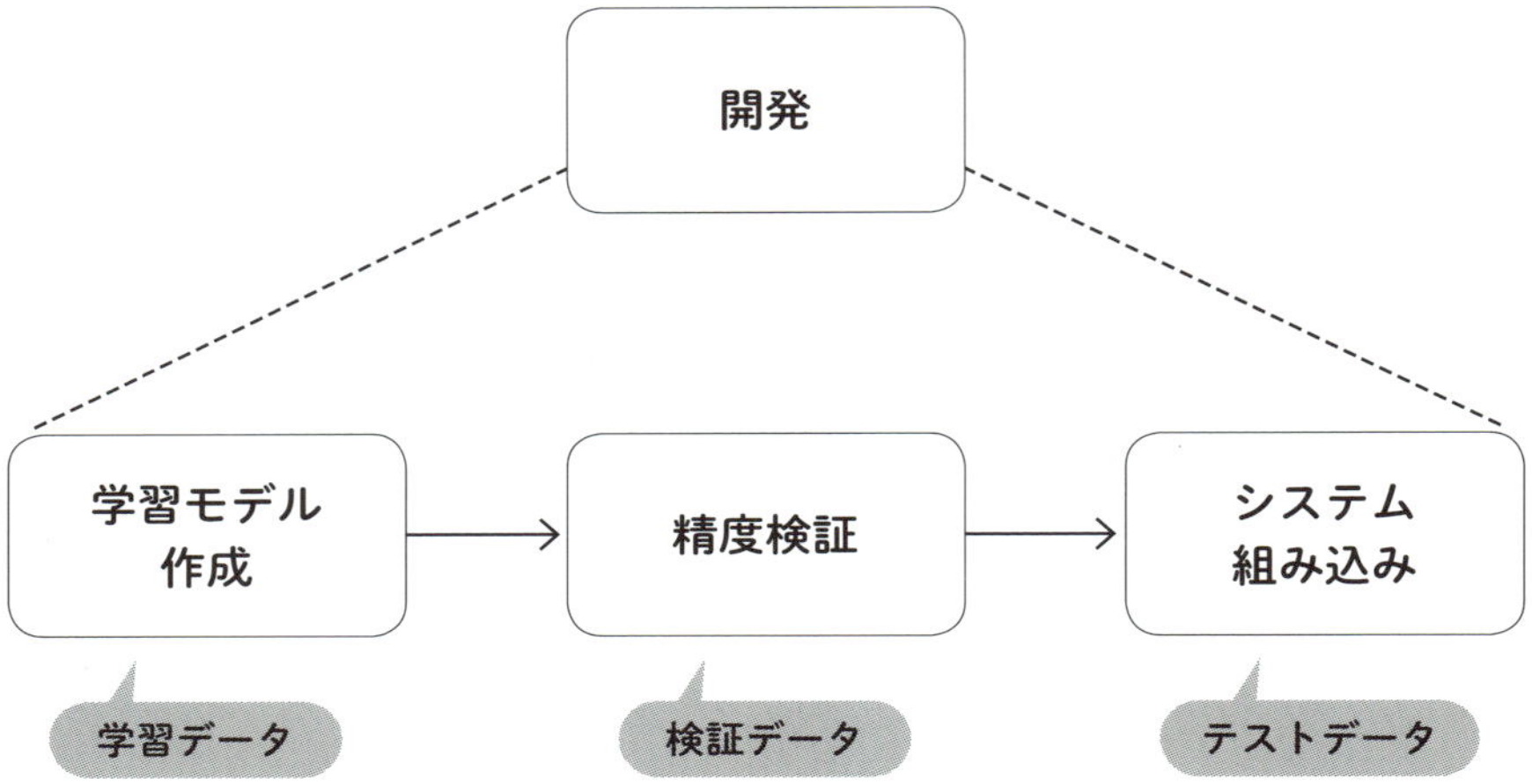

スです。機械学習エンジニアは、この段階で特徴量やアルゴリズムを調整して、「できるかぎり高い精度を出すこと」を目指します。

思うような成果が出ない場合は、前に述べたように、アノテーションからやり直す場合もあります。「学習モデル作成→精度検証」を何度もくり返すよりも、まったく新しい学習モデルをつくったほうが早い場合もあります。

このあたりは、**「なぜ結果が出ないのか」「どうすれば精度が上がるか」**について、率直に機械学習エンジニアに聞いてみましょう。

機械学習エンジニアが必ず答えを持っているとはかぎりませんが、ここは大切なポイントなので、遠慮は禁物。文系AI人材と機械学習エンジニアが密にコミュニケーションをとることで、解決策が見つかるかもしれません。

「精度検証」が終了したら、最後に「システム組み込み」の段階に入ります。

　AIシステムの開発は、機械学習エンジニアが担当しますが、商品・サービスの土台となるAI以外のプログラムはシステムエンジニアが担当します。つまり、機械学習エンジニアが開発したAIシステムをシステムエンジニアが担当する土台に組み入れる作業が「システム組み込み」の段階です。

　このとき、テストデータを利用して、本番に近い環境で最終的なチェックを行います。

　このチェックで思うような結果が得られない場合は、原因を追究して調整します。AIシステムが原因の場合もあれば、土台となるプログラムが原因となる場合もあるため、この段階で何をすべきかは特定できません。文系AI人材、機械学習エンジニア、システムエンジニアの三者が協力して調整してください。

ステップ6

本格導入

開発を継続する道を選べば、AIシステムが進化する

AIシステムの試運転が終了したら、いよいよ**ステップ⑥本格導入**に進みます。

AIシステムの場合、使えば使うほど精度が上がるケースが多いので、引き続き開発の体制を維持する場合があります。

サービスを開始したり商品を発売したりしたあと、**顧客が利用したデータを活用してAIの学習モデルを進化させることができるのです**（次ページの図を参照）。

たとえば、本格導入時のAIの精度が70％だとしても、開発を継続することで、80％、90％と精度を上げていくことができるかもしれません。

また、開発時期をいくつかに分けて、少しずつ

本格導入後に利用データをフィードバックする

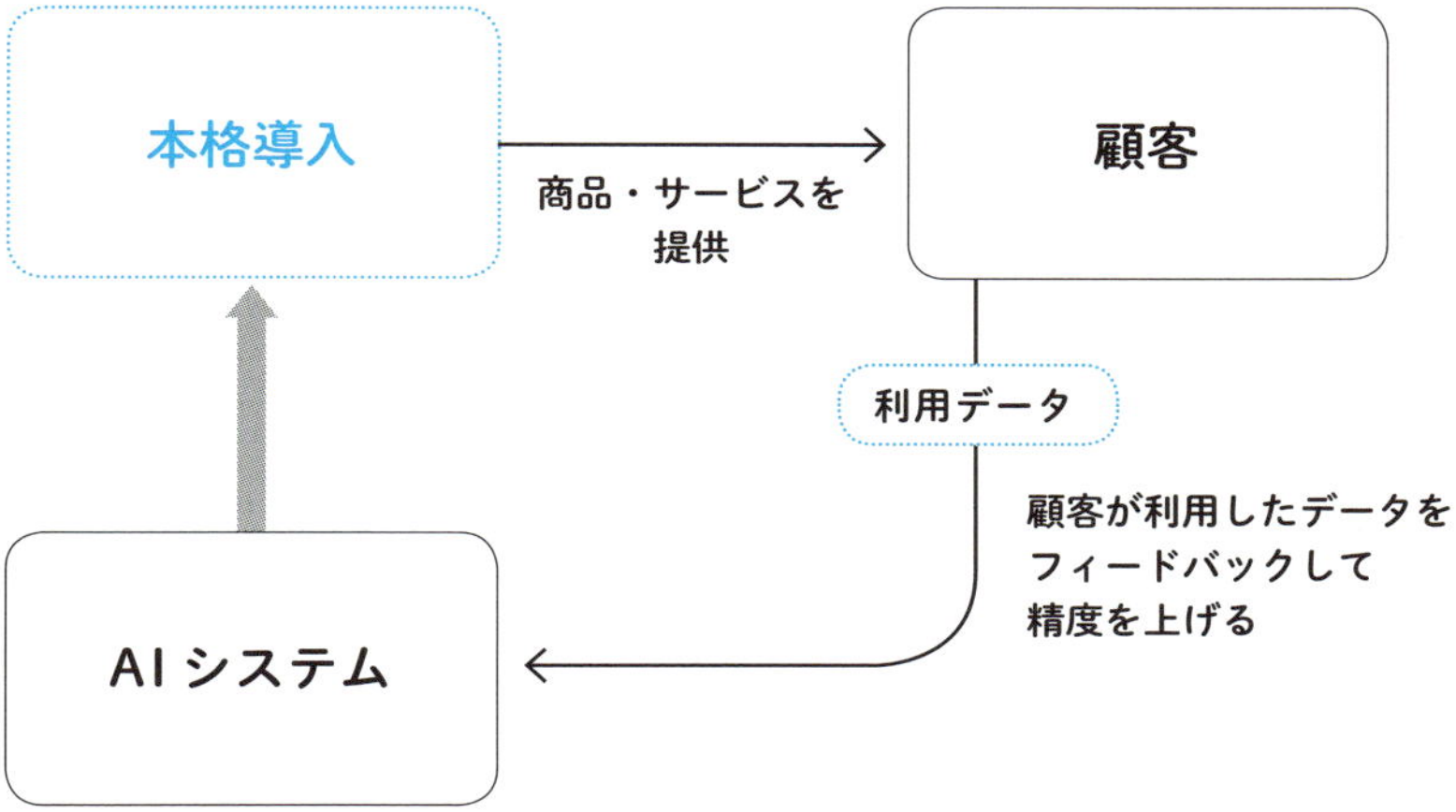

AIシステムを進化させる方法もあります。サービスや機能の一部をあきらめて、あと回しにすることで、段階的にAIシステムを仕上げていくという道を選択できるようになります。たとえば、本格導入の時期に投入するAIシステムを「第1期開発」と仮定し、本格導入後も開発を継続して、これを「第2期開発」とします。この開発が終了した時点で、新たなサービスや機能を追加。その後も第3期、第4期と開発を継続させることで、少しずつバージョンアップしていきます。

仮説を立てる時点やPoCの時点で、コストや納期のことを考え、本格導入時に実現できることを自主的に制限するのは、めずらしいことではありません。

いったんハードルを下げ、すぐできそうなことでスタートを切るのは、現実的な選択です。ハードルを上げて「PoC死」をするよりは賢い選択と言えるでしょう。

AIシステムを段階的に進化させる仕組み

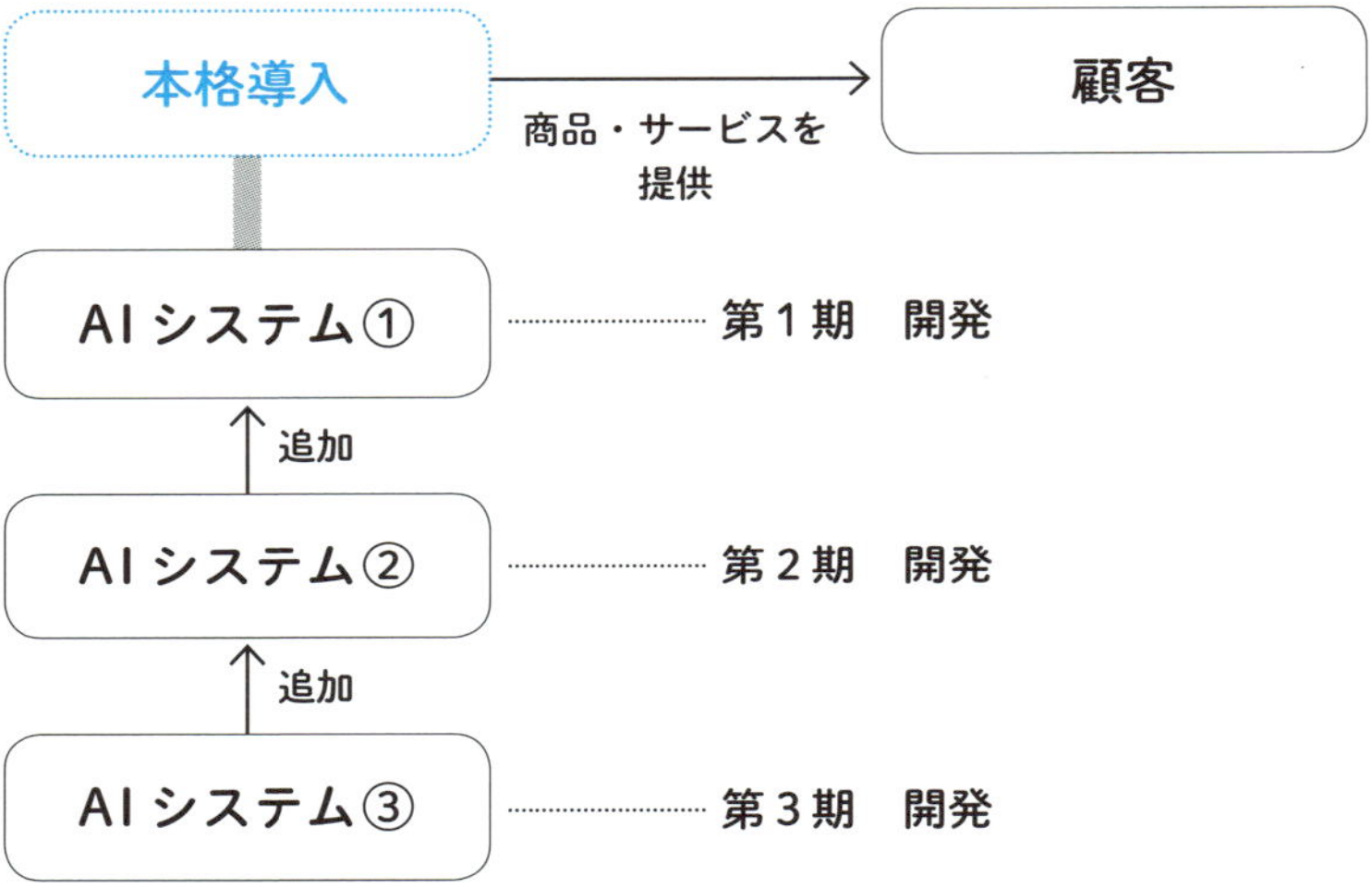

このように本格導入後に少しずつ進化させていくことができれば、最終的に当初思い描いていたレベルに到達できる可能性は残ります。

そして、本格導入で得た利益を第2期開発に投入できれば、少しずつ進化させていくことが可能になります。理想を追うことも大切ですが、AIプロジェクト全体をマネジメントする文系AI人材には現実的な選択が求められるのです。

また、もし、あなたのチームが「やる気のあるチーム」なら、ハードルを下げることがモチベーションを下げることにつながる危険性があります。「理想を追わないのはつまらない」「そんな簡単なことならやる気が起こらない」など、不平不満の声が聞こえてくるかもしれません。

そんなとき、**チーム全体のモチベーションをケアするのも文系AI人材の仕事**です。

「現時点では○○を目指すが、次のステップで××をクリアし、最終的には△△を目指す」と、できるだけ具体的に変更点を説明しましょう。チーム全体で軌道修正の内容を共有することが大切です。雲行きがあやしくなってきたとき、リーダーであるあなたが「未来のビジョン」を提示すれば、メンバー全員がモチベーションを維持できるはずです。

ステップ7

システム運用

管理・保守の方法を決めるまでが文系AI人材の仕事

最後の**ステップ⑦システム運用**では、完成したAIシステムを継続して管理する方法について説明します。AIにかぎらず、一般的なITシステムでは、以下の3つの視点で管理します。

- ネットワーク管理
- システム管理
- 業務運用管理

ネットワーク管理において大切なことはセキュリティ管理と障害対策です。

セキュリティ管理では、ウイルス、不正アクセス、情報漏えいなどを未然に防ぎます。障害対策は、ネットワーク上のハードウェアやソフトウェ

システム運用は管理と保守の2つに分けて考える

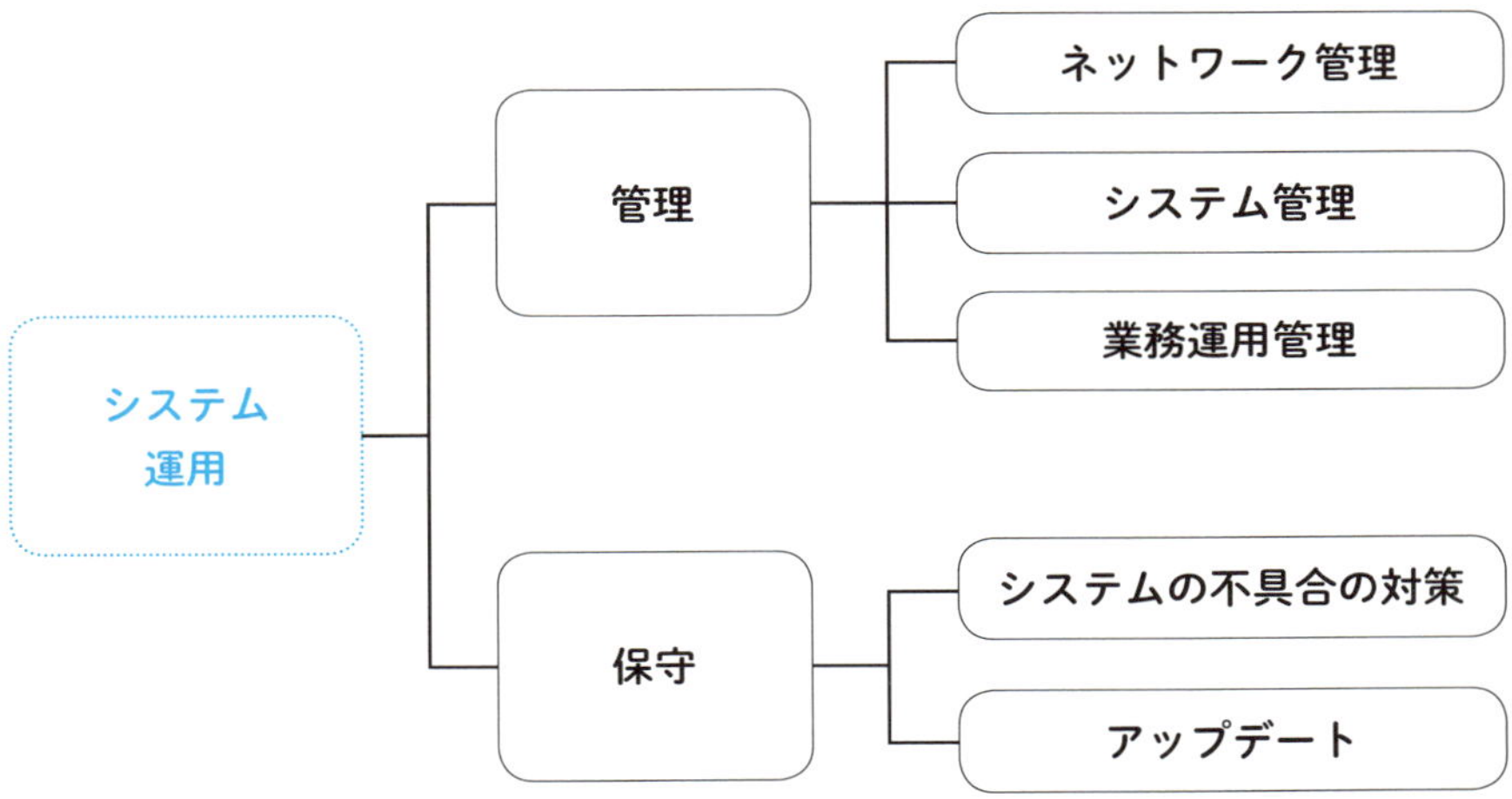

アの障害を見つけて復旧する作業です。

次の**システム管理とは、AIシステムを安定して稼働するために行う**管理です。具体的には、サーバーや周辺機器を管理する基本運用、バックアップ対応、備品管理などの業務が含まれます。

そして、**業務運用管理とは、業務の進行を管理する**ことです。ジョブやバックアップのスケジュールを管理したり、ユーザーの登録・削除を管理したりします。

このように3つの視点で管理すると同時に、**機械学習エンジニアによる定期的な保守**も必要です。システムの保守とは、システムの不具合の分析や修正、OSやソフトウェアのアップデートの作業を指します。

また、これは個人で判断することではありませんが、システム運用においてもクラウド化が進んでいることは意識しておきましょう。

日本ではまだオンプレミス（社内でシステ

ムを所有すること）を選択する企業が多いようですが、**システムの運用・管理の手順をオープンにしておけば、「あの人がいなければわからない」ということがなくなります。**

また、クラウド化を実現すれば、初期導入コストを低く抑えることも可能ですし、ハードウェアの保守作業が不要になります。結果的に保守の人員も削減できるので、クラウド化を検討してみることも大切です。

社内にＩＴチームがあれば、通常システムの管理・保守は社内で行います。ＩＴチームがなければ、社外のチームにまかせることになるでしょう。のちのち認識の違いによるトラブルが生じないように、事前にしっかり業務内容とコストを確認しておくことが大切です。

ＡＩプロジェクトでは、「システムの完成＝終了」ではありません。本格導入後も、継続してマネジメントする必要があります。

文系ＡＩ人材のあなたがいつまで運用にたずさわるべきなのかは会社の事情によりますが、はじめてのプロジェクトであれば、**システム運営のための管理・保守の方法まで視野に入れておく必要がある**と考えたほうがいいでしょう。

ＫＰＩの結果を見ながら進路を決めよう

それではここで、第3章で決めたＫＰＩをふり返ってみましょう。ＫＰＩとは「重要業績評価指標」のことでしたね。

企業によって評価の基準は異なりますが、一般的にプロジェクトを評価する際は、あらかじめ設定しておいたＫＰＩに合わせて数字を出します。

ＫＰＩの数値は商品・サービスの内容や開発コストなどの要因で変化するため、具体的な数値をあげることはできません。

そこで、ここでは**簡略化して以下の4つの判定を想定し、それぞれの進むべき道について考えてみました。**

- **判定A……予想よりもよかった**
- **判定B……ほぼ予想通りだった**
- **判定C……予想より少し悪かった**
- **判定D……予想よりかなり悪かった**

大まかに言えば、判定A・Bは成功で、判定C・Dは失敗です。

あなたのAIプロジェクトの判定がA・Bなら、その後の選択肢は広がります。

もしあなたが、当初から第1期、第2期、第3期と開発段階を分けて考えていた場合は、予定通りステップアップしていきましょう。**「第1期を成功させたこと」があなたの実績になる**ので、会社側と開発コストに関して交渉する場合も、スムーズに話が進むでしょう。第1期の経験があれば、第2期の開発をより効率よく行えるかもしれません。

もし、予定していたAIシステムが完成しているなら、**成果が出たこのシステムでどのように収益を増やすか**を考えます。どの部分が成功につながったかを冷静に分析し、「強み」を最大限に活かす方法を考えましょう。

もし、AIシステムの精度を上げたり機能を充実させたりすることが「強み」を活かすことになるなら、新たな開発コストをその部分に集中させるべきです。

一方、成果をあげたAIシステムの別バージョンを作成することが「強み」を活かすことになるなら、完成したAIシステムの運営を第三者にまかせることも考えましょう。

「別バージョン」と呼べる新しい企画を考え、職場で提案するのです。まったく新しいプロジェクトではないため、前回よりもっとうまくマネジメントできるのではないでしょうか。

あなたが起業家ではないかぎり、独断で決めることはできないはずですが、（たとえ小ヒットでも）実績ができているので、**もっと楽しくラクな気持ちでチャレンジできる**はずです。

失敗を失敗で終わらせないための心がまえ

残念ながら判定C・Dが出てしまった場合は、頭を切り替える必要があります。

とくにAIシステムを維持するためにランニングコストがかかる場合は、早期撤退の道を選ぶ必要があります。

「好転する可能性はまだある！」と考えがちですが、決断が遅くなればなるほど負債がふくらんでしまいます。

そもそも商品・サービスが認知されていない、リリースしたタイミングが悪い、同業他社が一歩先に同じようなものをリリースしてしまった……など、敗因はいくらでも考えられますが、根拠もなく「まだなんとかなる」とねばるのは、得策ではありません。

もちろん、判定C・Dの場合でも、説得力のある材料があれば、撤退を回避できる可能性もあります。前述したように、失敗の原因が技術的な問題である場合、少し待てば「もっとよい方法」を選択できる可能性があるからです。

たとえば、理化学研究所と富士通が2014年から開発を進めてきたスーパーコンピュータ「富岳」は、世界の性能ランキングで1位に輝きました。圧倒的な性能をほこる「富岳」ですが、次世代の量子コンピュータにはかないません。

　量子コンピュータの性能は桁はずれで、計算能力は単純計算でスーパーコンピュータの9000兆倍*とも言われています。スーパーコンピュータが何年もかかる計算を量子コンピュータなら数秒でかたづけてしまうので、「AI×量子コンピュータ」の組み合わせで「できること」の枠はいっきに広がるでしょう。

　このような革新的な技術が生まれるのは、スーパーコンピュータの分野だけではありません。

「AI×遺伝子工学」「AI×水素エネルギー」「AI×新素材」など、**想像するだけでワクワクする組み合わせはほかにもたくさんあります。**

　撤退を余儀なくされた場合も、ただの負の遺産と考えず「期限付きの休止」と前向きにとらえることが大切なのではないでしょうか。もちろん、あなたが企業に所属するビジネスパーソンであるならば、「撤退」か「休止」かは、経営陣の判断にゆだねるしかありません。

　しかし、（もし失敗したとしても）**あなたの経験は決してムダにはなりません。**失敗を失敗で終わらせないためにも、「必ず成功させる」という気持ちを持ち続けてください。

　はじめてのチャレンジで大成功する人はほんのひと握りです。のちに成功する人のほとんどが同じような経験をしているのではないでしょうか。

　ひとつのプロジェクトの結果に一喜一憂するのではなく、「文系AI人材として活躍すること」にこだわり続けることで、必ずチャンスをつかめるはずです。

*出典：「日経XTECH」量子コンピュータ　9000兆倍の破壊力

第6章

AIを使って課題を解決したい！［成功実例14］

Introduction

AI活用で、ビジネスの理想と現実のギャップを埋める！

ここまで、仮説を立て、データを準備して、開発をマネジメントする方法を紹介してきました。文系AI人材がAIプランナーとして、またはプロジェクトマネージャーとして、どのようにプロジェクトにかかわっていけばよいのか、ご理解いただけたのではないでしょうか。あとは、実際にAIプロジェクトにかかわり、経験を積むだけです。

AIの技術を活用することで、これまでとは「少し違う」新しい商品・サービスが生まれる可能性を大いに秘めています。

企画のアイデアをねるときは、この「少し違う」に着目するとよいでしょう。今すぐにはイノベーションを起こせなくても、**「少し違う」を積み重ねていくことが大きな成果につながっていくはずです。**

次ページから、製造や建設、保険、情報通信、飲食業などさまざまな業種・業態のAIプロジェクトの事例を14紹介します。

それぞれの事例を2ページ単位でまとめています。右ページには各種データと紹介文を記載。左ページには「課題→AIシステム→解決」の流れを図で示しました。

業種・業態が異なっても、**発想法や課題解決にいたるアプローチにおいて、参考になるポイント**が見つかるはずです。あなたが、これから取り組むAIプロジェクトを成功に導くヒントを、ぜひ見つけてください。

事例紹介ページの見方

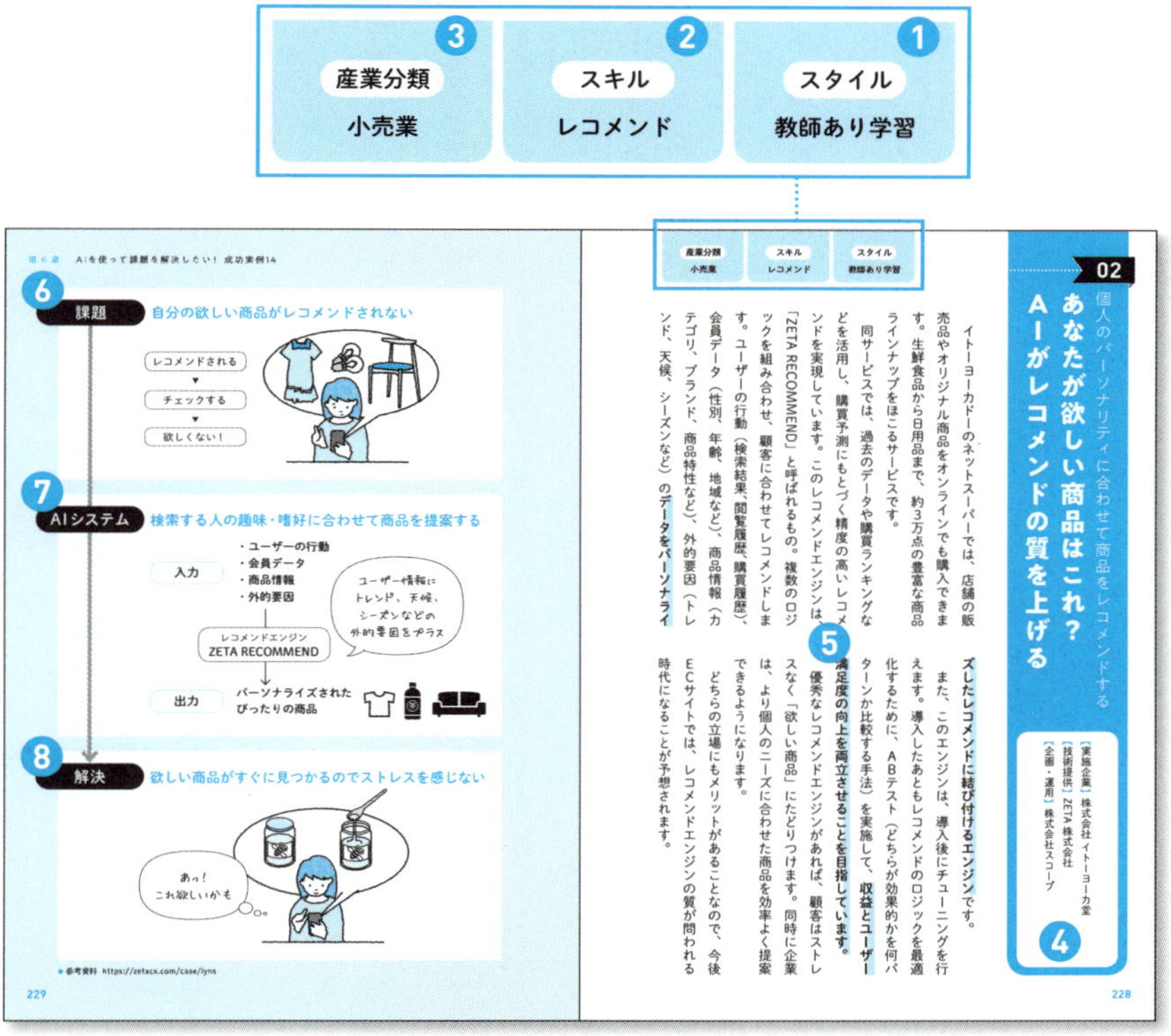

1 スタイル：AIの学習法
2 スキル：AIの技術（110ページの「AIのスキル早見表」に対応）
3 産業分類：商品・サービスが利用されている産業
4 企業データ：実施企業、技術提供、など
5 紹介文：AI商品・サービスの概要
6 課題：以前、どのような課題があったか
7 AIシステム：「入力」から「出力」までの流れ
8 解決：課題がどのように解決したか

産業分類	スキル	スタイル
情報通信業	レコメンド	教師あり学習

01

「適した人材はどこにいるのか」をＡＩで予測
ＩＴ人材のマッチングは難しい！ 機械学習で大量の結果を抽出

【実施企業・技術提供】株式会社 Laboro.AI

エンジニアやプログラマーなどのＩＴ人材には多様な技術や豊富な経験が求められるため、ＩＴ人材のマッチングは難しいとされています。

そのぶん、人材派遣の仲介者（コーディネーター）には高い精度のマッチング能力が求められるため、求人サイドが望む条件に合った人材を見つけるまで、たくさんの工程が必要でした。

そこで、Laboro.AI（ラボロ エーアイ）が実施した人材マッチングにかかわるＡＩ開発プロジェクトでは、過去10年分の求人情報、エンジニアの志向性、成約事例など60万件以上のデータを用いて、ＡＩに学習させました。

このマッチングソリューションは、テキスト、数値、変数などのデータの組み合わせに対応しつつ、**大量のデータを高速に処理します。**

このケースでは、条件が完全に合致する案件がない場合も「重要な条件」を取捨選択し、適正な検索結果を柔軟に提示できるようになりました。また、ＡＩが過去の履歴をもとに学習するため、成約率を予測することも可能です。

そのため、人材派遣の仲介者の仕事が大幅に軽減され、ＩＴ人材に対して**より多くのキャリアプランを提案できるようになること**が予測されます。実際に、このマッチングソリューションを導入した企業では、キャリア提案数を平均約1・2倍まで向上させることを見込んでいます。

課題

IT人材のマッチングは条件が難しい／手間がかかる

スタッフ情報
求人情報
営業情報

整理するだけで1日が終わってしまう！

仲介者（コーディネーター）

AIシステム

大量のデータを学習して マッチングの可能性を広げる

入力

- 過去10年分の求人情報
- エンジニアの志向性
- 成約事例

↓

機械学習のマッチングソリューション
カスタムAI

↓

出力　マッチング可能性リスト

完全一致ではなくても可能性のあるものを提示

解決

仲介者の仕事を大幅に軽減！　提案数も増加中

メリット❶

情報整理の手間を軽減！

メリット❷

求職者の選択肢が増えた

キャリア提案数
1.2倍
（見込み）

● 参考資料　https://laboro.ai/wp-content/uploads/2019/12/Press-20190206.pdf

産業分類 小売業
スキル レコメンド
スタイル 教師あり学習

02

個人のパーソナリティに合わせて商品をレコメンドする

あなたが欲しい商品はこれ? AIがレコメンドの質を上げる

【実施企業】株式会社 イトーヨーカ堂
【技術提供】ZETA 株式会社
【企画・運用】株式会社スコープ

イトーヨーカドーのネットスーパーでは、店舗の販売品やオリジナル商品をオンラインでも購入できます。生鮮食品から日用品まで、約3万点の豊富な商品ラインナップをほこるサービスです。

同サービスでは、過去のデータや購買ランキングなどを活用し、購買予測にもとづく精度の高いレコメンドを実現しています。このレコメンドエンジンは、「ZETA RECOMMEND」と呼ばれるもの。複数のロジックを組み合わせ、顧客に合わせてレコメンドします。ユーザーの行動(検索結果、閲覧履歴、購買履歴)、会員データ(性別、年齢、地域など)、商品情報(カテゴリ、ブランド、商品特性など)、外的要因(トレンド、天候、シーズンなど)の**データをパーソナライズしたレコメンドに結び付けるエンジン**です。

また、このエンジンは、導入後にチューニングを行えます。導入したあともレコメンドのロジックを最適化するために、ABテスト(どちらが効果的かを何パターンか比較する手法)を実施して、**収益とユーザー満足度の向上を両立させることを目指しています。**

優秀なレコメンドエンジンがあれば、顧客はストレスなく「欲しい商品」にたどりつけます。同時に企業は、より個人のニーズに合わせた商品を効率よく提案できるようになります。

どちらの立場にもメリットがあることなので、今後ECサイトでは、レコメンドエンジンの質が問われる時代になることが予想されます。

課題　自分の欲しい商品がレコメンドされない

レコメンドされる
▼
チェックする
▼
欲しくない！

AIシステム　検索する人の趣味・嗜好に合わせて商品を提案する

入力
・ユーザーの行動
・会員データ
・商品情報
・外的要因

ユーザー情報に
トレンド、天候、
シーズンなどの
外的要因をプラス

レコメンドエンジン
ZETA RECOMMEND

出力
パーソナライズされた
ぴったりの商品

解決　欲しい商品がすぐに見つかるのでストレスを感じない

●参考資料　https://zetacx.com/case/iyns

産業分類
製造業

スキル
テキスト解析

スタイル
教師あり学習

03

労働災害を防止するため、朝礼時の危険予知活動にAIを活用

危険予知活動をAIで支援！建設現場の労働災害を防ぐ

【実施企業・技術提供】株式会社FRONTEO

多くの企業では、建設現場や工場での労働災害を防止するため、社員に正しい知識と的確な行動を身に付けさせるKYT（危険予知訓練）やKYK（危険予知活動）を行っています。

これらの活動により、労働災害による死傷者数は減少の傾向にありますが、まだ十分とは言えません。

この問題を解決するためにFRONTEO社が開発したソリューションが「兆KIBIT（きざし・きびっと）」です。兆KIBITに当日の作業内容を入力すると、AIに学習させておいた過去の災害事例から、**作業内容に類似した事例を抽出し、関連性の高い順に提示します。**

過去に実際に起こった労働災害の事例を用いるため、作業員に具体的な対処法を伝達できます。つまり、**形式的になりがちな朝礼時の注意喚起を、より実質的なものに改善できる**のです。

また、職種、作業内容、使用する機械などの情報を入力すれば、AIが迅速に該当する過去の事例を検索します。そのため、経験の少ない作業や、急な作業内容の変更などにおいても、迅速にリスクを把握できるのです。

さらに、一度表示した事例は30日間表示されないため、同じ作業が連続して続く場合も、より効果的な注意喚起を行えます。

作業員の大切な命を守るために、AIシステムがさまざまな現場で活用されています。

課題

朝礼時などの注意喚起が形式的になりがち

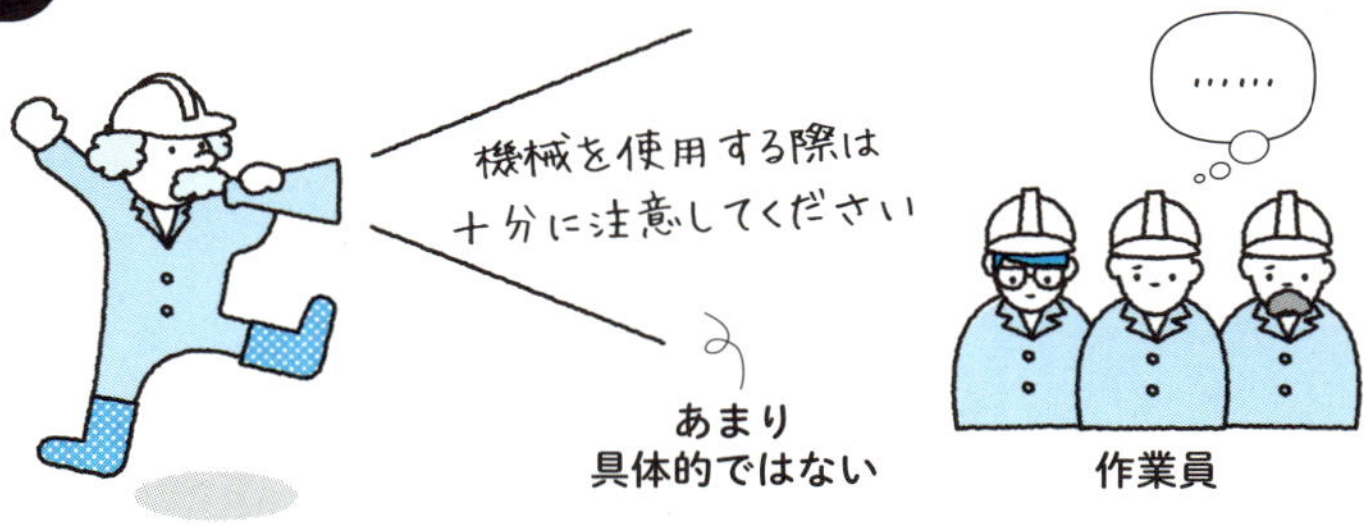

AIシステム

過去の災害データを学習して危険度をスコアリング

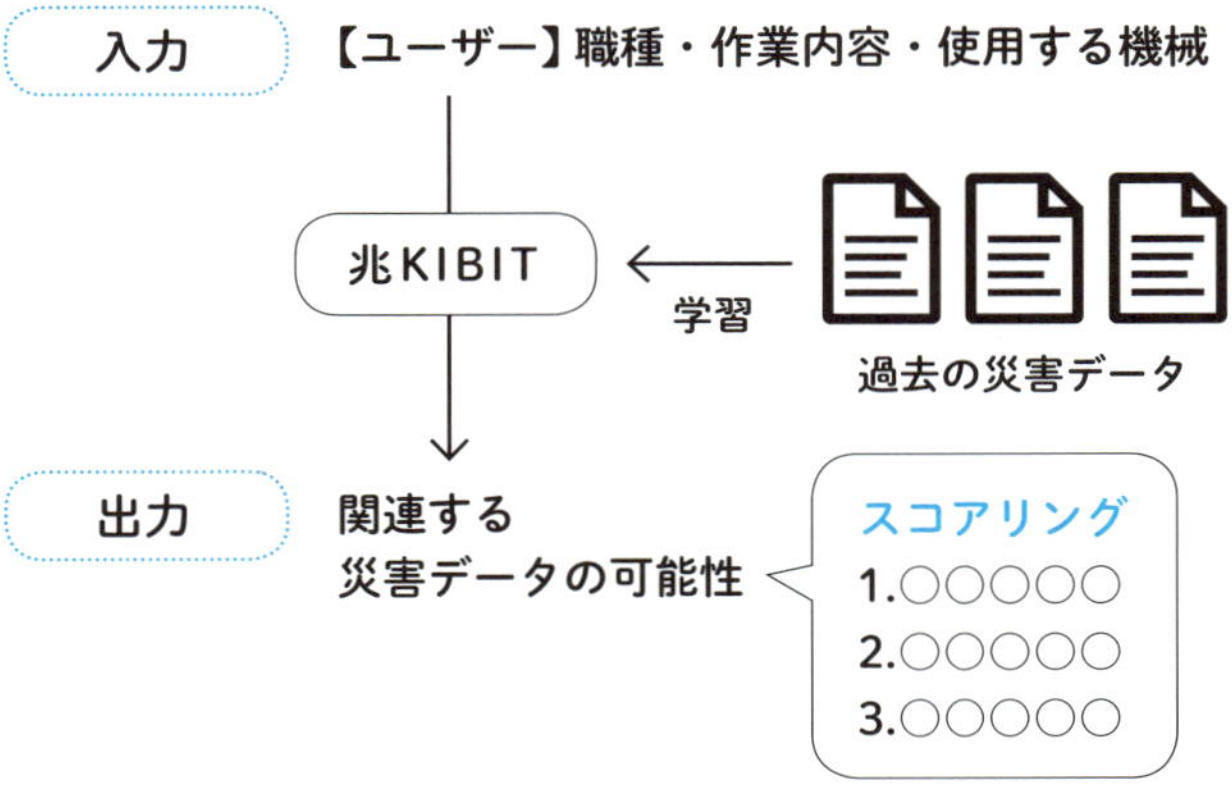

解決

具体的な注意喚起によって労働災害を防止

メリット❶

危険性が高い事例を
データとして提示できる

メリット❷

条件を指定することで
経験の少ない作業にも対応

● 参考資料　https://kibit.fronteo.com/case-study/chugai-pharm/

産業分類
建設業

スキル
テキスト解析

スタイル
教師あり学習

04

SNS投稿をAIが分析してマップに蓄積

竹中工務店がまちづくりのために印象を可視化するツールを活用

【実施企業】株式会社 竹中工務店
【技術提供】株式会社 MatrixFlow

近年、ICT（情報通信技術）を活用した地球にやさしい魅力あるまちづくりに活かす取り組みが始まっています。

まちづくりにおいて、**「人」に関するデータはとても重要です。**これまでは人の位置や数、滞在時間を測定する「人流データ」を参考にしていました。ただし、このデータには、なぜその場所を選んだか、その場所にどんな印象をいだいたか、などの評価が含まれていませんでした。

そこで、竹中工務店は、機械学習の技術を用いてSNSの「投稿から投稿者」の属性を推定するツール（ソーシャルヒートマップ®）を開発。これは、位置情報付きのSNS投稿をAIが分析し、実際にその場所を**訪れた人の性別・年齢、目的や印象などを可視化する**ツールです。具体的には以下の手順でデータを収集します。

①まちに関するSNS投稿を抽出
②投稿者の属性（性別や年齢など）を推定
③投稿のカテゴリ（食事、イベント、観光など）と印象（ポジティブ、ネガティブ）を分類して評価を蓄積
④「マッピング」「グラフ化」「キーワード表示」を可視化する

位置情報と評価をリンクさせたデータを集めることで、まちの活性化、テナント誘致などの問題解決に貢献することが期待されています。

課題

訪れた人の感想・印象をデータ化できない
＝「まちづくり」のデータが不足

人流データ

人の位置や数、
滞在時間

MAP

集まった理由、
印象がわからない

？

AIシステム

SNS投稿者の属性、訪れた理由、印象を
AIが推定する

入力　位置情報付き
SNSの投稿

↓

AI

AIが抽出してデータ化

① まちに関する投稿抽出
② 投稿者の性別・年齢
③ 訪れた目的・印象

↓

出力　MAP

マッピング　グラフ化　キーワード表示

解決

どんな属性の人がどのような理由で
その場所を選んだのかがわかる

まちづくりの活性化

こんな人を呼べば
もっと活性化するはずだ！

テナントの誘致

この場所には
こんな人が訪ねてくるよ

● 参考資料　https://prtimes.jp/main/html/rd/p/000000011.000041251.html
※ソーシャルヒートマップ®は竹中工務店の登録商標です。

05

AIが評価する営業のためのセルフトレーニング

話し方・表情・声を数値で評価 第一印象を上げる支援サービス

【実施企業】三井住友海上あいおい生命保険株式会社
【技術提供】株式会社ＮＴＴデータ

産業分類	スキル	スタイル
保険業	画像認識 音声認識	教師あり学習

保険会社の営業活動では、第一印象がきわめて重要です。はじめての対応で安心感をいだいてもらうことが、保険契約のファーストステップだからです。

そこで、三井住友海上あいおい生命保険では、社員や代理店の人材育成のため、表情や声から受ける第一印象を見える化するＮＴＴデータのサービス「Com Analyzer™（コムアナライザー）」を採用しました。このサービスを利用すれば、話し手（セールス役）の表情、感情、声などをパラメータ化して、**印象値を算出できます。**

話し手は商談・交渉で使う営業トークをスマホで動画撮影。この動画はほぼリアルタイムで分析され、撮影終了後、数秒で分析レポートが出力されます。手元のスマホはもちろん、パソコンではより詳細なレポートを閲覧することも可能です。

このサービスでは、顔の筋肉の動きをトラッキングしたうえで、AIが「喜び」「悲しみ」「怒り」「驚き」といった感情を認識。さらに、話す速度、声の大小・高低から話し方を識別。**こうして取得したデータを数値化して、総合的に評価する**という仕組みです。

AIが短時間で第一印象を判定するため、効率よく営業トークの練習ができます。評価を反映させるランキング機能など、何度でも試してみたくなる遊び心やゲーム性も盛り込まれています。

これまで難しかった営業のセルフトレーニングツールとして注目を集めています。

課題

営業活動を支援する効果的なトレーニング方法がない

新人研修

もっとにこやかに
早口にならないように
注意してね
ベテラン社員
新人

AIシステム

顧客に与える第一印象をAIで評価する

入力　ロールプレイングで作成
営業トークの動画データ

↓

Com Analyzer™
- 表情から読める感情
- 話す速度
- 声の大小・高低

↓

出力　判定 ＝ 第一印象の評価
笑顔マークで表示

解決

全国の社員・代理店への本格導入をスタート

メリット❶
時間と場所にしばられずに
セルフトレーニングできる

メリット❷
自分ではわからない
ウィークポイントを発見

そうか……自分は
早口なんだ！

● 参考資料　https://www.nttdata.com/jp/ja/case/2019/101700/

産業分類	スキル	スタイル
サービス業（飲食）	画像認識	教師あり学習 × ディープラーニング

06

マグロ職人の目利きを学習したAIアプリ

マグロの質を判定するAIを回転寿司「くら寿司」が導入

【実施企業】くら寿司 株式会社
株式会社 電通
双日 株式会社
【技術提供】株式会社 電通
株式会社 電通国際情報サービス

日本の熟練の職人が持つマグロの目利きの技術はとても貴重です。身の締まりや脂の入り方などを「尾の断面」から見極める匠の技は、職人ひとりひとりが長年の勘と経験から独自に身に付ける「暗黙知」とされていました。習得に少なくとも10年の年月が必要といわれ、高齢化により後継者不足が深刻化するなか、ディープラーニングの活用により、**職人によるマグロの目利きの技をAIに継承**したのが「TUNA SCOPE」です。

開発元の電通は、全国の漁場や工場から膨大な数のマグロの尾の断面写真を収集。熟練の職人による品質判定データと照合し、**「良質なマグロとはどのような状態のものか」を学習させ、その品質を任意の段階**で判定する仕組みを開発。最終的にはベテラン職人の判定結果との90％を超える一致率を達成し、スマートフォンアプリ化されました。

2020年7月、大手回転寿司チェーン「くら寿司」では、海外渡航や国内移動が制限されるコロナ禍の状況に合わせて、TUNA SCOPEを利用した新しい買い付けの方法を採用。海外に渡航することができない職人に代わり、AIが目利きを行い、最高ランクと判定されたマグロを「極み熟成AIまぐろ」として販売。この取り組みはコロナ禍の危機を斬新なアイデアで乗り越えた事例として、大きな注目を集めました。「TUNA SCOPE」は職人の高度な技術や経験値を後世に受け継ぐAIとして期待されています。

課題

マグロの目利きがいなければ品質を予測できない

マグロの尾の断面で予測

センスのある人でも
1人前になるまで
10年かかる

マグロの仲買人（職人）

AIシステム

職人による判定結果をもとに尾の断面から品質を判定

入力　【学習データ】
尾の断面画像　＋　職人による判定結果

↓

TUNA SCOPE

↓

出力　品質をABC
などで判定

A	B	C

解決

AIアプリでだれもがすばやく簡単に品質を判定できる

メリット

日本の職人の目利きを通して
おいしいマグロを世界中の人に提供

TUNA SCOPEでランクAと
判定されたマグロ

● 参考資料 https://tuna-scope.com/jp/

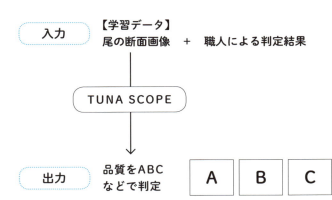

産業分類	スキル	スタイル
建設業	画像認識	教師あり学習 × ディープラーニング

07

道路を撮影した画像で「よくないところ」を判定
映像とGPSで道路の傷を指摘！ インフラ整備にもAIは欠かせない

【実施企業】福田道路 株式会社
【技術提供】日本電気 株式会社

新潟県にある建設会社・福田道路とNECは、AI技術を利用して道路のひび割れや破損を検知する「**舗装損傷診断システム**」を開発しました。

これまで、国や自治体では、専門技術者が目視で道路の状況を確認していたため、人件費も含めた調査費用が大きな負担になっていました。日本の道路の総延長は120万キロメートルを超えます。道路を補修する以前に、どの部分に問題があるかを調査するだけでもたいへんなのです。

このシステムでは、ディープラーニングの技術を利用した「NEC Advanced Analytics - RAPID 機械学習」を活用しています。調査車両に一般的なビデオカメラを取り付け、走りながら撮影した路面の映像を分析すれば、路面のわだち掘《ぼ》れ（車のタイヤによるへこみ）や、ひび割れを同時に検出して、**路面の劣化レベルを判定**できます。また、路面の映像と同時に記録したGPS情報の活用により、**地図上の位置を特定**できます。

実証実験では、専門技術者の目視点検と同じ精度で路面のわだち掘れとひび割れを同時に検出できることがわかりました。

今後は、道路の補修計画、補修工事、補修の評価など、一連の工程においてAIを活用した最適化を目指していくそうです。

インフラの整備は、日常生活を支える大切な課題です。この分野でも、今後はAIの活用による効率化が当たり前になるかもしれません。

課題　道路の点検には時間もお金もかかる

AIシステム　映像データをもとに「直すべき場所」を特定する

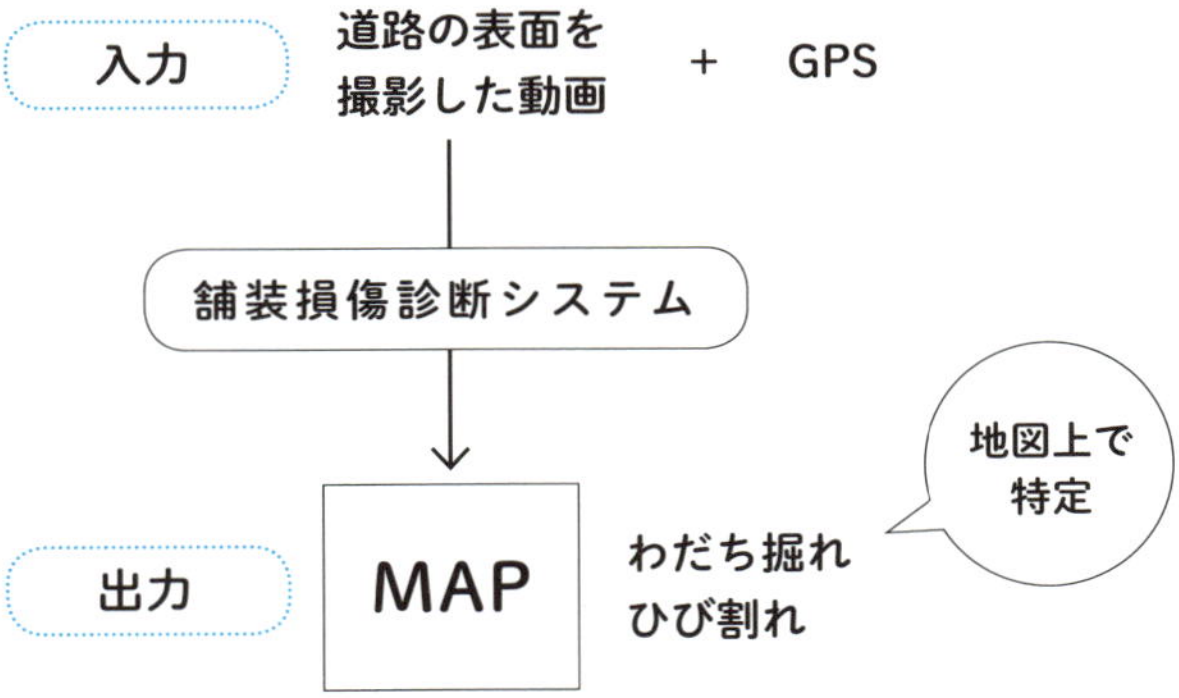

解決　道路補修のための点検作業を大幅に軽減できる

メリット❶
時間・コストを
削減できる

メリット❷
インフラ整備の体制が整う
（生活の基盤が安定する）

● 参考資料 https://jpn.nec.com/press/201701/20170131_01.html

産業分類
運輸業

スキル
文字認識

スタイル
教師あり学習
× ディープラーニング

08

手書き数字を100%に近い精度で読み取るOCRを開発

佐川急便の伝票集計を自動化 データ入力・仕分けの時間を短縮

【実施企業】佐川急便 株式会社
【技術提供】SGシステム 株式会社
フューチャーアーキテクト 株式会社

1年間に約14億個の荷物を取りあつかう佐川急便。繁忙期には1日に100万枚もの配送伝票を手動でシステムに入力していました。

現在は、ディープラーニングによるOCR（文字認識の技術）を使った新システムを導入し、**配送伝票の読み取りからデータ入力までを自動化**しています。

SGシステムとフューチャーアーキテクトが独自に開発したこの新システムの導入により、**伝票入力の作業を月間約8400時間も短縮**することができました。現在は、余った労働時間を最大限に活用しているそうです。

伝票の手書き数字（重量、サイズを示す数値など）は、料金を決めるベースになる大切なデータです。

この新システムにおける手書き数字の認識精度は99.995%以上に達しており、「○」で囲まれた数字や取り消し線で修正された数字を読み取ることもできます。また、記入時にスレが生じたり、運搬過程で文字の傷がついたりした伝票から、問題なく数字を読み取ることができます。

佐川急便では、今回の新システム開発でつちかったAI技術をホールディングスグループ各社に順次展開しています。さらに、AIを活用したOCRプラットフォームサービス「Biz-AI × OCR」を開発。給与支払報告書をはじめとした、さまざまな帳票にも対応可能にするなど、自社のOCRを一般向けのサービスに発展させています。

課題

荷物の伝票をデータ入力する作業に時間がかかりすぎる

手書きの伝票 →

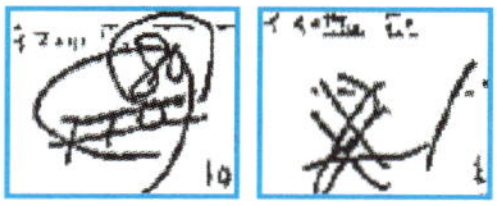

・入力に時間がかかる
・人材を確保する必要がある

スキャンした画像を見て人間が判断して入力

AIシステム

99%以上の精度で手書き数字を読み取ってデータ化する

入力　手書き伝票のスキャンデータ

ディープラーニングを利用した
OCR

出力　手書き数字を変換したデジタルデータ

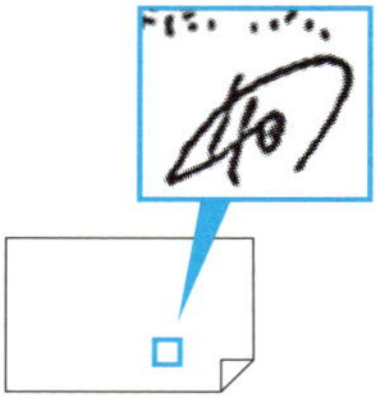

読み取り精度
99.995%以上

解決

伝票の入力時間を月間約8400時間も短縮

入力作業

8400時間 ×

●参考資料　https://www2.sagawa-exp.co.jp/newsrelease/detail/2019/0802_1473.html

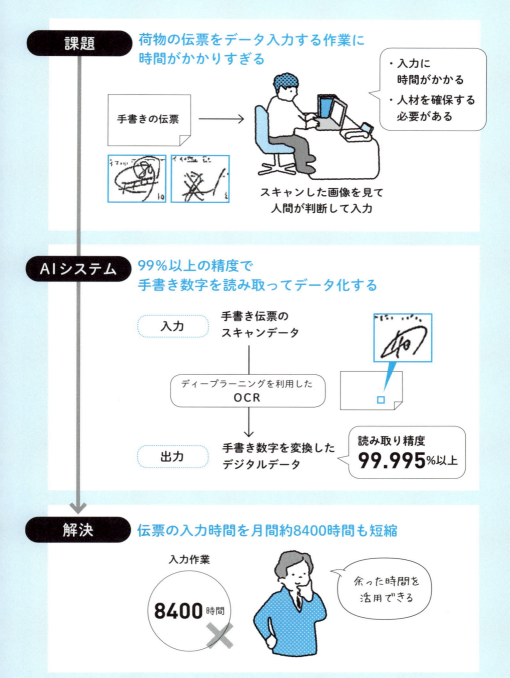

09

会議参加者の音声を自動でテキストデータに変換

よく使う単語や言葉の癖を学習してどんどん賢くなる議事録作成ツール

【実施企業・技術提供】株式会社 オルツ

産業分類	スキル	スタイル
情報サービス業	音声認識	教師あり学習

これまで、会議の議事録は、手書きメモを見ながら文書を作成するのが当たり前でした。参加者が多い場合や会議時間が長い場合は、かなり手間がかかる作業がしいられます。

この議事録作成業務を軽減するために開発され、一般に提供されているのが「AI GIJIROKU」です。

このツールを利用すれば、会議参加者の音声を録音・記録し、**音声認識によりリアルタイムでテキストデータに変換できます。**精度の高い話者分離機能も搭載しているため、参加者が増えた場合でも、はっきりと発言者を特定できます。

従来の議事録作成ツールでは、音声認識にミスがあった場合、そのつど手直しする必要がありました。

ところがこのツールでは、話者の音声データを蓄積し、機械学習の学習データとして再学習させます。**利用者がよく使う単語や言葉の癖などが反映されていく**ため、使えば使うほどパーソナル化され、利用者ごとに認識精度を向上させることが可能。日本語の音声認識の精度は通常85%程度ですが、10万コミュニケーションごとにおよそ5%ずつ精度が向上します。

また、この「AI GIJIROKU」を使えば、会議中にリアルタイムで35か国の言語に自動翻訳を行うこともできます。海外と国内をつなぐオンライン会議や訪日外国人との会話などもサポートの対象になります。

オンライン会議が急増している現在の状況にぴったりの会議支援ツールです。

課題　議事録を作成するために手間がかかる

従来の議事録作成

録音データを聞き返して入力 ＋ ノートのメモを追加してまとめ直す

AIシステム　AIが会話を解析してテキストに変換する

入力　会議中の音声データ

↓

AI GIJIROKU ⟷ 【学習データ】
・認識ミス
・よく使う単語
・言葉の癖

再学習しながら精度を高める

↓

出力　議事録として使えるテキストデータ
翻訳を終えたテキストデータ

解決　議事録作成の時間を短縮しつつビデオ会議にも対応

メリット❶

議事録作成の時間を短縮

手作業

3~4時間 ▶▶▶ 数分

メリット❷

国内外を結ぶ
オンライン会議を支援

● 参考資料　https://kyodonewsprwire.jp/release/202001105592

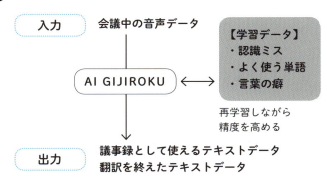

産業分類
小売業

スキル
チャットボット

スタイル
教師あり学習

10

エンジニアのチューニングでＡＩの精度をアップ

通販サイトのユーザーからの質問に高い精度で回答をするチャットボット

【実施企業】アスクル 株式会社
【技術提供】りらいあコミュニケーションズ株式会社

アスクルが運営する個人向け通販サイト「LOHACO by ASKUL」では、現在、「マナミさん」というＡＩ型チャットボットを採用しています。

以前は、カスタマーサポートの担当者が、問い合わせに対する正しい回答を手作業で紐付ける必要があったため、サポート業務はたくさんの工数がかかるたいへんな作業でした。

この問題を解決するために新たに開発されたのが、ＡＩ（IBM Watson）を利用した対話システム「バーチャルエージェント®」を搭載した「マナミさん」でした。

通販サイトに寄せられるカスタマーの問い合わせは、同じ内容でも言い回しが異なります。たとえば、キャンセル案件の場合、「商品の購入をキャンセルしたい」「注文を取り消したい」「返品したい」などの問い合わせが寄せられます。

これに対して、ＡＩが問い合わせの内容を判断し、適正な回答をふり分けます。

このとき、もし**ＡＩの判断が間違っていた場合は、エンジニアがＡＩに対して正しい回答を教え、**それ以降正しい回答を選択できるようなチューニングを行います。

エンジニアが少しずつチューニングを重ねることで、「バーチャルエージェント®」の精度は着実に上がっています。そのため、ＡＩにまかせられる問い合わせが増え、有人対応に集中できる時間が増えました。

課題　カスタマーサポートの担当者が問い合わせを読んで手作業で対応

AIシステム　顧客との会話を学習してAIが自分で賢くなる

入力　カスタマーの問い合わせ

↓

バーチャルエージェント®　⟷　エンジニア（チューニング）

↓

出力　問い合わせの内容に対応する回答文

解決　AIにまかせることで有人対応の問い合わせに集中できる時間が増えた

メリット

カスタマーサポートの代わりができるようになる部分が増えた

- 問い合わせ
- 定型の質問
- 自由入力の質問

→ おまかせ！

チャットボット

●参考資料　https://prtimes.jp/main/html/rd/p/000000056.000002501.html

産業分類
情報通信業

スキル
音声合成

スタイル
教師あり学習
× ディープラーニング

11

テキストを入力するだけで自然な音声を出力

アナウンサーなみの正確な発音でニュースを読み上げる

【実施企業】株式会社テレビ朝日
【技術提供】NTTテクノクロス 株式会社

NTTテクノクロスが開発した音声合成ソフトウェア「FutureVoice Crayon」の2019年バージョンをはじめて利用したのは、テレビ朝日の「AI×CGアナウンサー 花里ゆいな」でした。

それまでの音声合成は、一般的に単調で機械的な声でした。その点、この音声合成ソフトウェアでは、ディープラーニングの技術を活用することで、**感情を込めた少量の音声データから学習すること**が可能になり、より自然な感情表現ができる音声を提供できるようになりました。実際に、花里ゆいなのイントネーションはとても自然です。目のまたたきや唇の動きとも連動しているので違和感がありません。

また、決まったメッセージを伝えるだけではなく、長いニュースをとどこおらず読み上げることもできます。声質もかなり肉声に近いトーンです。

「FutureVoice Crayon」は、人物やキャラクターなどの複数の音声を利用して、**新たな声をつくり出すこともできます。**これにより、特定の声に依存しないオリジナルの声を合成することも可能です。

さらに、このソフトウェアは発話に関するデータをもとに、ロボットやCGの動作と連動させることもできます。

テキストデータを入力するだけでキャラクターが自然な音声で読み上げてくれるこのシステムは、さまざまな生活シーンで活用できるため、今後ますます需要が高まると予測されています。

課題

発話の音声が自然な人の声に聞こえない

機械的な音声

音声合成した声

感情がないように聞こえる

イントネーションがおかしい

AIシステム

人間のアナウンサーなみにクリアな声でしゃべれるようになる

入力　テキストデータ

↓

テキスト解析＋音声合成
FutureVoice Crayon

↓

出力　自然な音声

花里ゆいな

解決

人間の耳に自然に聞こえる音声をすぐに合成できる

メリット

自然なアナウンスを活用できる可能性が広まる

- テレビやラジオ
- チャットボット
- 案内ロボット
- 翻訳ロボット
- 駅のアナウンス

●参考資料　https://www.ntt-tx.co.jp/whatsnew/2020/200219.html

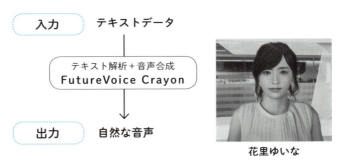

12

実在しない人物の全身画像を自動生成するＡＩが登場

「アイドル自動生成ＡＩ」でアパレルのバーチャルモデルを作成

【実施企業・技術提供】株式会社データグリッド

産業分類	スキル	スタイル
小売業（アパレル）	画像生成	教師なし学習 × ディープラーニング

京都大学国際科学イノベーション棟に本社を置くデータグリッド社は、ＡＩを活用した共同事業開発を行う会社として知られています。

同社は２０１８年６月に「アイドル自動生成ＡＩ」を開発しました。

しかし、アイドル自動生成ＡＩは、顔領域のみの画像生成となっているため、十分な表現力がありませんでした。そこで、人物の表現力をさらに高めるため、「全身生成」「動作生成」の研究開発に取り組み、高解像度（１０２４×１０２４）の全身モデル画像を生成することに成功しました。

この全身モデル画像を生成するＡＩには、**ＧＡＮ（敵対的生成ネットワーク）と呼ばれるディープラーニングの技術**が使われています。このＧＡＮは、正解データを与えることなく特徴を学習する「教師なし学習」の手法。本物らしいデータを作成しようとする「生成ＡＩ」と、リアルデータと生成データを判別しようとする「識別ＡＩ」の２種類のＡＩを競争させながら学習を行う点に特徴があります。

この競争により、**実在しないけれども本物らしい全身モデル画像を高解像度・高品質で生成する**ことができるようになりました。この全身モデル自動生成ＡＩは、広告やアパレルＥコマースのバーチャルモデルとしての利用を想定して開発されています。

現在は実証実験を重ねながら、本格運用への準備を整えている段階です。

課題 顔の画像生成だけでは用途にかぎりがある

架空のアイドルの
顔画像を生成

アイドル自動生成AI

チャットボット？

顔だけでは
ものたりない

バーチャル
アイドル？

AIシステム 広告やアパレルで使える全身画像を生成する

入力　大量の画像データ

だます　生成AI … 本物らしい偽物を作成するAI

見破る　識別AI … 本物と偽物を判別するAI

競争

出力　AIが作成した高解像度の
全身モデル画像

解決 リアルな架空モデルを自動生成できることで用途が広がった

メリット❶
広告用の
バーチャルモデル

メリット❷
Eコマースの
コーディネートモデル

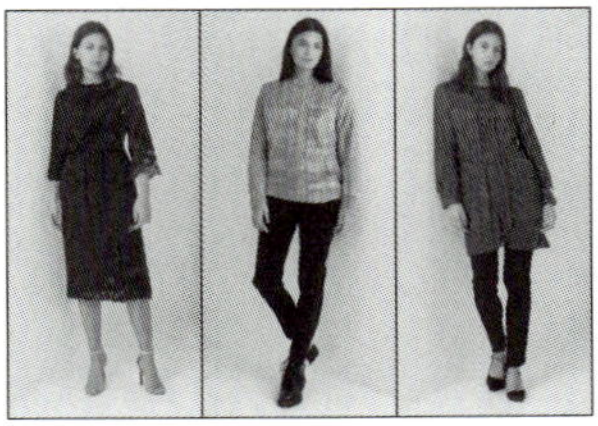

●参考資料 https://datagrid.co.jp/all/release/386/

産業分類	スキル	スタイル
製造業	機械翻訳	教師あり学習 × ディープラーニング

13

AIの機械翻訳なら時間と作業を削減できる

グローバル企業の必需品は機械学習による多言語翻訳ツール

【実施企業】株式会社 デンソー
【技術提供】株式会社 みらい翻訳

自動車部品メーカーとして世界第2位のデンソー社は、世界35の国と地域で展開するグローバル企業です。約17万人の社員が働く同社では、言葉の壁を越える手段は不可欠でしたが、当初導入していたツールは翻訳精度が低く、翻訳会社に翻訳を依頼すれば時間とコストがかかりすぎるという課題をかかえていました。

ところが、みらい翻訳の「Mirai Translator®」サービスを導入してからは、社内における**翻訳スピードが上がり、精度も向上しました。**同サービスは、ディープラーニングによる機械翻訳エンジンを搭載したクラウドサービスで、翻訳言語を選択してボタンをクリックするだけで、翻訳文が出力されます。

製品名や専門用語、特殊な用語などの名詞を辞書登録したり、メール定型文やマニュアルなどの特定の文章をメモリに登録したりして、自由にカスタマイズすることもできます。

また、日本語を英語に翻訳したあと、**もう一度日本語に翻訳し直す「逆翻訳機能」**も搭載しています。日本語に逆翻訳してから、誤りや不自然な部分を確認して調整する作業をくり返すほうが、一度翻訳したものを精査するよりスピーディーに翻訳の精度を高めることができるそうです。

グローバル企業において多言語業務における翻訳の精度は、生産性向上に欠かせない大切な要因です。今、24時間365日稼働する優秀な翻訳エンジンが求められています。

課題

グローバル企業の多言語翻訳には時間・コストがかかる

× 社内の翻訳ツール ＝ 精度が低い

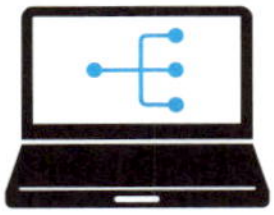

△ 社外の翻訳会社に依頼 ＝ 時間・コストがかかる

AIシステム

ディープラーニングで機械翻訳の精度が格段にアップ

入力：翻訳したいテキストデータ

↓

Mirai Translator®

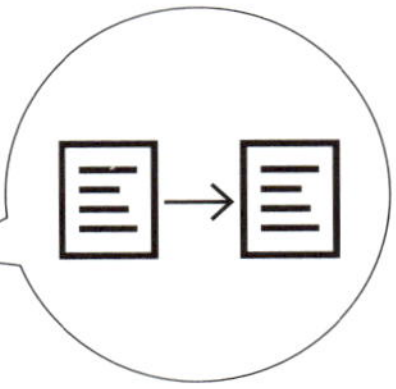

↓

出力：翻訳後のテキストデータ

精度が高い！

解決

クラウドサービスを利用することで24時間体制で翻訳ができる

メリット❶

翻訳にかかる時間を短縮できる

メリット❷

用語登録によりカスタマイズできる

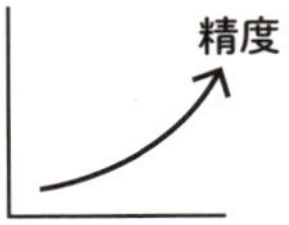

● 参考資料　https://miraitranslate.com/service/

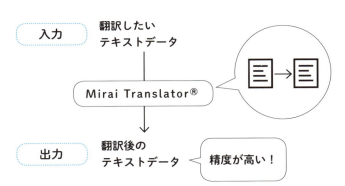

産業分類	スキル	スタイル
製造業	音声認識・音声合成・チャットボット	教師あり学習 × ディープラーニング

14

会話のキャッチボールを楽しめるパートナーが登場

雑談はAIの会話エンジンで！Romiは話し相手になるロボット

【実施企業・技術提供】株式会社ミクシィ

2021年4月、ミクシィは自律型会話ロボット「Romi（ロミィ）」の一般販売を開始しました。「ペットのように癒やし、家族のように理解してくれる」を目指すRomiは、定型文ではない**自由な会話を楽しめるロボット**です。

このロボットには、2つのエンジンが搭載されています。**ひとつはルールベース型、もうひとつはディープラーニング型のエンジン**です。会話をするときは、音声認識で相手の声を聞き取り、この2つのエンジンで処理してから、音声合成で人の声にして返します。

ルールベース型はあらかじめ会話の内容を想定しやすい質疑応答などに適したエンジンです。特定の質問に対して決まった回答を返すという定型的なもので、雑談には向いていません。

雑談では、どんな会話になるか予測することが難しく、対応のパターンは膨大な数になります。そのため、どんな発話に対しても自然に対応できるようにするため、もうひとつのディープラーニング型のエンジンを活用しています。

AIが膨大な会話をもとに学習して、時間帯、季節感、個人的な好みも加味しながらその場にふさわしい言葉を返してくれます。また、会話のなかで「Romi」の感情も変化し、それに合わせて表情や動き、声のトーンが変わります。ミクシィでは、今後も「Romi」を進化させて、「ロボットがいる生活」を当たり前にしたいと考えています。

課題　生活のパートナーになる会話型ロボットが欲しい

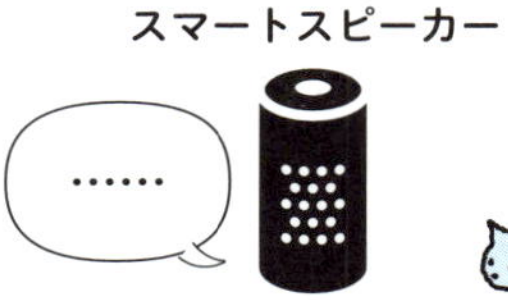
スマートスピーカー
……

来週は
バーベキューに
行きたいな

雑談の相手をしてくれる
会話型ロボットは少ない

AIシステム　2つの会話エンジンで自然な会話のキャッチボールができる

入力　自分の声（音声データ）

2種類の会話エンジン
- ルールベース型
- ディープラーニング型

出力　開発者も予測できない自然な返事

いいね、
バーベキュー！
楽しそう

解決　会話ロボットが生活のパートナーになる

メリット❶

なんでも話せる
家族のような存在になる

AI＝雑談

メリット❷

好きなときに
役立つ情報を聞ける

天気／ニュース
時刻／イベント情報

● 参考資料　https://robotstart.info/2021/04/20/romi-talking.html

【参考図書】

・『いちばんやさしいAI〈人工知能〉超入門』大西可奈子、マイナビ出版

・『AI導入の教科書』井原 渉、秀和システム

・『ビジネスの構築から最新技術までを網羅 AIの教科書』伊本貴士、日経BP

・『AI人材になる 統計・プログラム知識は不要』野口竜司、東洋経済新報社

・『文系のためのデータサイエンスがわかる本』高橋威知郎、総合法令出版

・『機械学習エンジニアになりたい人のための本 AIを転職にする』石井大輔、翔泳社

・『図解即戦力 機械学習&ディープラーニングのしくみと技術がこれ1冊でしっかりわかる教科書』株式会社アイデミー 山口達輝・松田洋之、技術評論社

・『人工知能は人間を超えるか ディープラーニングの先にあるもの』松尾 豊、KADOKAWA

・『いまこそ知りたいAIビジネス』石角友愛、ディスカヴァー・トゥエンティワン

・『未来IT図解 これからのAIビジネス』矢田部卓、インプレス

・『シン・ニホン AI×データ時代における日本の再生と人材育成』安宅和人、NewsPicksパブリッシング

【参考ウェブサイト】

・e.g.AI活用事例の検索プラットフォーム　https://ledge-eg.com

・AINOW　https://ainow.ai/

【監修】
大西可奈子（おおにし・かなこ）

AI研究家

2012年お茶の水女子大学大学院博士後期課程修了。博士（理学）。同年NTTドコモ入社。16年から2年間、情報通信研究機構（NICT）に出向。一貫して雑談対話システムの研究開発に従事。20年より、AIプランナーとして大手IT企業勤務。AIの設計や運用に携わる傍ら、AIに関する講演・セミナーや、記事・書籍の執筆や監修など、さまざまな分野で活躍。著書に『いちばんやさしいAI〈人工知能〉超入門』（マイナビ出版）がある。

〈公式ウェブサイト〉https://kanakoonishi.com/

【STAFF】

装幀	小口翔平 ＋ 奈良岡菜摘（tobufune）
構成・文	鍋倉弘一（ヴァリス）
編集協力	古川 隆（Y&M）
本文デザイン・DTP	櫻井ミチ
イラスト	本村誠
校正	東京出版サービスセンター

超実践！ AI人材になる本
プログラミング知識ゼロでもOK

2021年9月28日 第1刷発行

監修	大西可奈子
発行人	中村公則
編集人	滝口勝弘
企画編集	浦川史帆
発行所	株式会社 学研プラス 〒141-8415 東京都品川区西五反田2-11-8
印刷所	中央精版印刷株式会社

《この本に関する各種お問い合わせ先》
●本の内容については、
下記サイトのお問い合わせフォームよりお願いします。
https://gakken-plus.co.jp/contact/
●在庫については ☎03-6431-1201（販売部）
●不良品（落丁、乱丁）については ☎0570-000577
学研業務センター 〒354-0045 埼玉県入間郡三芳町上富279-1
●上記以外のお問い合わせは ☎0570-056-710（学研グループ総合案内）

©Kanako Onishi 2021 Printed in Japan
※本書の無断転載、複製、複写（コピー）、翻訳を禁じます。
※本書を代行業者等の第三者に依頼してスキャンやデジタル化することは、たとえ個人や家庭内の利用であっても、著作権法上、認められておりません。
学研の書籍・雑誌についての新刊情報・詳細情報は、下記をご覧ください。
学研出版サイト https://hon.gakken.jp/